<u>*ACCESO GRATIS*</u> ***a la Lectura en la Nube***

Para visualizar el libro electrónico en la nube de lectura envíe junto a su nombre y apellidos una fotografía del código de barras situado en la contraportada del libro y otra del ticket de compra a la dirección:

ebooktirant@tirant.com

En un máximo de 72 horas laborales le enviaremos el código de acceso con sus instrucciones.

Comunidades de fe, laicidad y democracia.

La irrupción de lo religioso en el espacio público en contextos de crisis y violencia

Procedimiento de selección de originales, ver página web:
www.tirant.net/index.php/editorial/procedimiento-de-seleccion-de-originales

Felipe Gaytán Alcalá
Jorge Valtierra Zamudio
Ricardo Bernal Lugo
Juan Pablo Campos González

Comunidades de fe, laicidad y democracia.

La irrupción de lo religioso en el espacio público en contextos de crisis y violencia

tirant humanidades
Ciudad de México, 2024

En caso de erratas y actualizaciones, la Editorial Tirant Humanidades publicará la pertinente corrección en la página web www.tirant.com.

Esta obra fue dictaminada positivamente por pares académicos ciegos externos

© TIRANT HUMANIDADES
DISTRIBUYE: TIRANT HUMANIDADES MÉXICO
Av. Tamaulipas 150, Oficina 502
Hipódromo, Cuauhtémoc,
CP 06100, Ciudad de México
Telf: +52 1 55 65502317
infomex@tirant.com
www.tirant.com/mex/
www.tirant.es
ISBN: 978-84-1183-507-7
Depósito legal: pendiente
MAQUETA: Tirant lo Blanch

© KONRAD-ADENAUER-STIFTUNG E.V. KONRAD-ADENAUER-STIFTUNG E.V. Oficina de la Fundación México Río Guadiana No. 3, Col. Cuauhtémoc C.P. 06500 Ciudad de México, México
Tel. (+52) 55 5566 4599
https://www.kas.de/es/web/mexiko kasmex@kas.de X: @kasmexiko Facebook: https://www.facebook.com/kasmexiko/ Director de la Fundación Konrad Adenauer México Hans-Hartwig Blomeier Gestor del Proyecto Juan Pablo Campos González (juan.campos@kas.de)

Si tiene alguna queja o sugerencia, envíenos un mail a: atencioncliente@tirant.com. En caso de no ser atendida su sugerencia, por favor, lea en *www.tirant.net/index.php/empresa/politicas-de-empresa* nuestro Procedimiento de quejas.

Responsabilidad Social Corporativa: *http://www.tirant.net/Docs/RSCTirant.pdf*

Índice

Introducción

En los últimos años América Latina ha padecido una ola de violencia de distinto signo: política (Chile, Perú), social (Argentina, Ecuador), grupos guerrilleros y paramilitares (Colombia), pandillas (Centroamérica) y derivada del crimen organizado y el narcotráfico (México). En todos estos casos son notables las limitaciones del Estado nacional al momento de resolver este problema, ya sea por los recursos con los que cuenta, ya por la corrupción e impunidad e incluso por cuestiones de oportunismo político electoral que traba cualquier acuerdo entre las fuerzas políticas para definir una estrategia que facilite afrontar las crisis de violencia.

Esta situación se ha traducido en diversos cambios en la percepción ciudadana, particularmente hemos sido testigos de una sensación generalizada de vulnerabilidad ante los poderes legales e ilegales debido a la impunidad en la que operan los grupos que generan las violencias. Una consecuencia grave ha sido el cuestionamiento mismo de la viabilidad de la democracia en aquellos contextos en que dicha violencia se ha dado por temas de crisis política como en el caso de Perú y Chile en su momento. En buena medida, la aparición de figuras autoritarias y populistas de izquierda y derecha está relacionada con estos fenómenos. Asimismo, crece la tendencia de liderazgos políticos y religiosos a presentarse como la única vía para superar las crisis sociales a costa de transgredir las formas y procedimientos asociados a la democracia representativa de corte liberal, anteponiendo el personalismo del ejercicio del poder a los procedimientos institucionales.

Aparecen entonces figuras como el Presidente Nayib Bukele en el Salvador quien organizó una gran estrategia de combate a las pandillas, particularmente la denominada Mara Salvatrucha, a través de redadas policiales que contravienen los derechos humanos y mediante la construcción de la cárcel más grande y sofisticada de la región. Todo ello le ha traído una gran aceptación, no sólo en El Salvador sino en diferentes países que exigen modelos similares para contener la violencia, aunque sea a costa de la democracia y de las libertades. En México, por ejemplo, se observa la convergencia ambigua e incluso contradictoria entre, por un lado, un discurso en el que se rechazan las estrategias de seguridad basadas en el uso de la fuerza (llegando al extremo de sugerir que la violencia puede reducirse haciendo que las madres pidan a sus hijos no delinquir), y, por el otro, el fortalecimiento de las atribuciones del Ejército, aunado al aumento de la presencia territorial de una policía militarizada.

Se puede notar entonces que la violencia ha tenido dos consecuencias inmediatas en la gobernanza y gobernabilidad en nuestros países. Por un lado, ha minado la propia fuerza del Estado e incluso los niveles de gobierno primarios como son los municipios, mismos que se han vuelto rehenes cuando no víctimas de la delincuencia. En muchas ocasiones es en los ámbitos *micro* y *meso* donde las demandas y protestas sociales surgen sin que los alcaldes o gobernadores tengan capacidad de respuesta, lo que acentúa aún más la sensación de incapacidad de la autoridad y el desprestigio de las figuras políticas y de la política misma. Por otro lado, la desconfianza ciudadana,[1] no sólo a las autoridades, sino a otros grupos sociales que deriva en la exigencia de mano dura contra aquellos que consideran delincuentes. Esta circunstancia opera como el caldo de cultivo perfecto para diversas propuestas de populismo punitivo.

1. A pesar de que las percepciones sobre la democracia y la confianza en las autoridades varían entre los países y las regiones de América Latina, de 2015 a 2020 buena parte de los países registran disminuciones en la evaluación positiva de la democracia: https://www.cepal.org/es/analisis-la-inclusion-cohesion-social-america-latina-caribe-la-luz-pilar-social-la-agenda-2030-0

En este contexto de crisis política y social derivada de la violencia los actores religiosos, comunidades de fe e iglesias han irrumpido en el espacio político convocados por el Estado mismo o presentándose a sí mismos como mediadores en zonas en conflicto o atendiendo necesidades en los lugares de mayor incidencia delictiva. Pero el efecto de la misma onda delictiva también ha afectado a las comunidades religiosas. Homicidios, vejaciones y asaltos, han sido parte de los padecimientos que también enfrentan en su labor pastoral.

Pero, ¿la participación de las comunidades de fe e iglesias como representantes de lo sobrenatural no vulnera la laicidad y el Estado laico al romper la separación entre la política y la religión?, ¿no fue la laicidad un proceso histórico de larga data que implicó luchas, guerras, tensiones y acuerdos entre el Estado y la iglesia católica, en un primer momento, y después con otras iglesias cristianas y de otro signo cuando se expandió la diversidad religiosa? En principio, la respuesta es positiva, la participación de este tipo de grupos sí vulnera la laicidad, esto porque el ámbito político se construye bajo reglas de diálogo democrático y normas que reconocen la igualdad de todos los ciudadanos sin necesidad de invocación trascendental o divina alguna.

En el otro extremo, frente y contra la laicidad, la iglesia católica exigió su derecho a participar en política y colocar como referentes morales sus valores y principios religiosos aduciendo que es parte de la historia cultural de los países y, sobre todo, que sus principios contrarrestan el relativismo moral propiciado por la sociedad moderna que es parte de la raíz de la violencia. En el mismo tenor moral, grupos cristianos y evangélicos han participado en los temas sociales, pero su diagnóstico sobre la crisis de valores en la sociedad los ha llevado en un primer momento a buscar tutelar la política a través de sermones y guías para la acción pública y posteriormente ser ellos mismos actores políticos relevantes como ha ocurrido con las iglesias evangélicas en Brasil, Chile y Colombia. Incluso han ido más allá al formar partidos políticos evangélicos que actúan bajo la lógica electoral con un programa moral que no admite debate político sino su acatamiento pues la máxima religiosa plantea que los principios se cumplen de manera lisa y llana.

Una de las estrategias de las organizaciones religiosas para su incursión en la política ha sido la apelación a la libertad religiosa. En efecto, argumentan que su exclusión del espacio político es una forma de discriminación que atenta contra su libertad. En realidad, en el contexto de la laicidad la libertad religiosa debe entenderse como la libertad de los individuos a profesar, pertenecer, creer o practicar su fe en el marco del respeto a la dignidad de las personas. Pero las comunidades de fe la han interpretado como su libertad para participar como organizaciones en la política, en la legislación y las políticas públicas señalando lo que debe ser estipulado como máxima moral de acuerdo a sus dogmas. Así entendida, la libertad religiosa se vuelve una trampa en sí misma para la laicidad ya que contradice el ideal de que ninguna visión particular del mundo se perfile como la orientación pública que deben seguir los demás miembros de la sociedad.

Sin duda, la creciente ola de violencia en América Latina fue uno de los factores que aceleró y abrió la puerta a las comunidades de fe para participar en política. Su presencia como mediadoras en las crisis políticas como sucedió en Chile y Perú se hizo necesaria frente a la polarización de los actores políticos y de la sociedad civil. Sin embargo, su intervención no debe ser tomada como una forma de apropiación del espacio político sino como una forma de mediación *outsider* que permite en un primer momento acercar las posiciones antagónicas. Los casos de Colombia y México resultan paradigmáticos en la coyuntura de la crisis de violencia. Ambos países permitieron y colocaron como actores centrales a las comunidades de fe en la mediación para alcanzar la paz. En el caso colombiano el análisis se ha centrado en los diálogos por la paz entre la guerrilla y el Estado y su participación en la organización y difusión del plebiscito por la paz y el perdón. La iglesia católica fue el eje articulador y en la que se organizaron el resto de las comunidades.

Un primer diálogo fue en la Catedral de Bogotá con lo que simbólicamente mostraba ser un actor preminente en los diálogos. Pero resulta paradójico que algunas de las iglesias evangélicas que promovieron el plebiscito también promovieron el voto en contra del perdón. Sumado a ello y aprovechando la coyuntura, grupos religiosos conservadores (católicos y evangélicos) se manifestaron en contra de los contenidos de educación sexual en las escuelas, generando informaciones tergiversadas en redes digitales que llevaron a la dimisión a la ministra de educación del gobierno del Presidente Santos. Todo ello en el marco de la mediación por la paz, en el que el tema educativo no estaba en la agenda, pero los grupos religiosos aprovecharon la coyuntura para expresarse y actuar contra aquello que consideraban inmoral. La libertad religiosa esgrimida sirvió para acotar las libertades de conciencia e información que también y en el mismo nivel protege el Estado laico y por ende el proceso de laicidad. La discusión en Colombia en los últimos años ha pasado de centrarse en la laicidad a la libertad religiosa con todo lo que ello implica.

En el caso mexicano la situación de violencia de los cárteles de la droga y del crimen organizado ha convertido regiones del país en zonas de guerra. Los números de muertes, desapariciones y extorsiones se incrementaron exponencialmente sin que el Estado tuviera una estrategia clara para combatir estos fenómenos. Paradójicamente fue ese mismo Estado mexicano el que convocó a las organizaciones religiosas a lo que denominó Jornadas por la Paz. Un sector de funcionarios sensibles al tema de la violencia y ante la participación de las iglesias en colectivos de búsqueda de desaparecidos, colectivos de apoyo a víctimas del crimen, atención a huérfanos de la violencia del narco, invitaron a las organizaciones religiosas a un diálogo amplio. Desde el Estado mexicano un sector de funcionarios, desde su ámbito de competencia (Dirección de Asuntos Religiosos de la Secretaría de Gobernación y el Consejo Nacional para Prevenir la Discriminación) organizaron dichos encuentros dos veces por año en los que se presentaron testimonios, propuestas y acompañamiento a víctimas. Ante la emergencia de atender el fenómeno de la violencia el Estado mexicano, sin darse cuenta o de forma premeditada, comenzó a cambiar el concepto histórico de la laicidad en México, quizás sin tener plena claridad del rumbo hacia el que se camina debido a la urgencia de enfrentar la crisis de violencia.

En este contexto, marcado por la violencia y la participación de las iglesias se vuelve necesario discutir cuáles son las consecuencias para la laicidad y para la democracia de la presencia plena de las comunidades de fe en los temas legislativos y de política pública. Aunque esta presencia ahora se centra en los temas de guerrilla, narcotráfico, habrá que analizar su posible extensión en la agenda pública como ocurrió en el caso colombiano. Habría entonces que despejar la incógnita o al menos dibujar los futuros inmediatos por los que habrá de transitar la laicidad y el tema de la libertad religiosa. En este sentido la Fundación Konrad Adenauer y la Universidad La Salle, México convocaron en el primer semestre del 2023 a un seminario sobre "Comunidades Religiosas, Democracia y Laicidad" para debatir sobre las implicaciones de las iglesias en la agenda política, los cambios en la laicidad tanto en Colombia como en México. Para ello se invitaron a actores religiosos, académicos de los dos países y a funcionarios federales artífices de la Jornadas por la Paz tanto de la Secretaría de Gobernación como del Consejo Nacional para Prevenir la Discriminación.

Como resultado de este ejercicio de reflexión presentamos este texto que recoge los ensayos de algunos de los participantes en dicho seminario. El objetivo es contribuir a las discusiones sobre las consecuencias que la participación de las comunidades tendrá en la nueva concepción de laicidad y sobre los cambios al espacio democrático en nuestra región. Se recogieron las experiencias colombianas y se abrió la discusión en México sobre la libertad de conciencia y la libertad religiosa que fue notable entre organizaciones civiles de derechos humanos y derechos sexuales y reproductivos frente a los actores religiosos quienes argumentaron que la discusión moral sobre los temas del cuerpo, la familia y la vida no tendrían que sobreponerse a la emergencia de los asesinatos, desapariciones, vejaciones. Posiciones encontradas, pero no excluyentes.

En este libro el lector podrá revisar las posiciones de los actores involucrados y de analistas especializados en estos asuntos. Está organizado en dos bloques, uno que da cuenta del análisis de académicos mexicanos y colombianos, además de un actor importante como es el Foro Inter- Eclesiástico en México quien ha participado como asesor en la Cámara de Diputados y en los debates sobre la laicidad y su defensa. El segundo bloque aborda las posiciones, análisis y reflexiones de los funcionarios públicos que diseñaron la estrategia para la paz en México.

En el primer texto Mariana Molina, ex coordinadora de la Cátedra Benito Juárez de la Laicidad de la UNAM, analiza la libertad religiosa, las iglesias y su participación política. Mariana problematiza sobre los nuevos derroteros de la laicidad en México y si aún es posible remitir a la historicidad del concepto o es necesario un nuevo marco para reconocer la participación de las comunidades de fe. Un segundo texto es de Jesús López Lobato, integrante del Foro Inter-Eclesiástico el cual aborda la dimensión jurídica de la laicidad en el Estado mexicano, Un texto especializado en el tema jurídico para comprender las implicaciones de la participación de las organizaciones religiosos en la agenda pública. Ricardo Bernal propone en su texto la necesidad de discutir la laicidad desde la perspectiva del derecho a la no discriminación. Por su parte Felipe Gaytán, académico de la Salle remite a la necesidad de analizar el tema de la educación laica para comprender por qué los grupos religiosos buscan intervenir en este terreno a sabiendas que en este espacio se forman los ciudadanos y por tanto los valores cívicos que ahora exigen incluyan valores religiosos para afrontar la crisis política y social y por supuesto el tema de la violencia. Jorge Valtierra y Mario E. López-Gopar, académicos de la Universidad Autónoma "Benito Juárez" de Oaxaca, abordan la presencia histórica de la iglesia católica en el contexto del Estado laico, su influencia al interior del aparato estatal y las demandas que derivaron de las comunidades eclesiales de base en su acción por solucionar demandas sociales. A través de este texto podemos dilucidar las razones de la presencia y exigencia de las comunidades religiosas ante la violencia y en la exigencia al Estado por actuar frente al problema.

El segundo apartado incluye textos que provienen de la Dirección de Asuntos Religiosos de la SEGOB. En este conjunto el lector dará cuenta de las razones y justificaciones de incluir a las comunidades de fe en las "Jornadas por la Paz", las consecuencias que de ello deriva y la necesidad de hacerlo en una coyuntura de emergencia que exigí la participación de todos los actores sociales.

Jorge Basaldúa, director de Asuntos Religiosos, desglosa la relación entre Estado e iglesias, señalar encuentros y desencuentros, referir cómo, en la actual administración, se ha planteado dicha relación, sus alcances y limitaciones. Jimena Esquivel por su parte define la ruta reflexiva del por qué se abrió el espacio a las organizaciones religiosas en un tema urgente como lo es la paz. Presenta las razones y argumentos que desde su experiencia en la sociedad civil consideró necesario asumir en ese momento ya como funcionario público.

Verónica Macías analiza la necesidad de la voz de las comunidades de fe a través de ilustrar una canción tradicional de las comunidades originarias que remite a la solidaridad y al compromiso. En cambio, Josafath Sarmiento discute qué implica para una sociedad democrática la inclusión de las organizaciones de fe. A través de datos y de una discusión filosófica nos muestra la complejidad de asumir una posición entre lo histórico y lo emergente en una sociedad que demanda soluciones.

Primer apartado: Laicidad y democracia, una ruta jurídica y política.

Libertad religiosa y participación política de actores religiosos y espirituales ¿Hacia dónde va la laicidad en México?

Mariana G. Molina Fuentes
Coordinadora del Área de Capacitaciones de Otros Cruces

Introducción

La libertad de culto, también llamada libertad de religión, constituye un derecho fundamental a partir del cual se reconoce la autonomía de las personas para elegir si desean o no profesar creencias confesionales, y en su caso cuáles. Además, tanto creyentes como no creyentes habrían de gozar de protección por parte del Estado, sin ser víctimas de opresión o de discriminación alguna (Oficina del Alto Comisionado. Naciones Unidas, Derechos Humanos, 2023). Este derecho parte de una noción más bien acotada sobre lo religioso, pensado sobre todo en sus acepciones dogmática y ritual; por tanto, esta se vincula con las prácticas en espacios privados tales como los templos o los hogares (Blancarte, 2008).

En el habla cotidiana, las acepciones *libertad de culto* y *libertad religiosa* suelen usarse de manera indistinta. No obstante, autores como Javier Saldaña (1999), Roberto Blancarte (2008) o Felipe Gaytán (2018) sostienen que existen diferencias importantes entre ellas. La primera tiene que ver con su alcance: mientras que la libertad de culto se refiere exclusivamente a la capacidad para elegir un cuerpo de creencias, la libertad religiosa conlleva además la ausencia de obstáculos para manifestarlas en el espacio público, así como de actuar de conformidad con ellas; es decir, la *libertad de conciencia.*

Este punto es crucial para comprender buena parte de los debates que se suscitaron en México a raíz de la instauración del Estado laico, y de la consecuente separación normativa entre lo político y lo religioso.

Como puede adivinar quien lee estas líneas, el hecho de que exista una división legal entre lo político y lo religioso de ninguna manera significa que hayan cesado las intersecciones entre ambos, y mucho menos que el segundo se haya restringido exclusivamente al ámbito de lo privado. Volveremos a esto más tarde. Por ahora basta con señalar la brecha entre los marcos jurídicos y las prácticas sociales asociadas con la espiritualidad o la religiosidad.

El propósito de este texto consiste en problematizar cómo se ha gestionado la libertad religiosa en México, identificando algunas transformaciones sociales que apuntan a la necesidad de repensar el modelo de laicidad. Para ello, el capítulo se divide en cuatro partes:

(1) *Coordenadas conceptuales: religión, secularidad y laicidad*, en la que se definen los términos que estructuran estas reflexiones;

(2) *El Estado laico en México: del anticlericalismo a la pluralidad,* cuyo propósito consiste en identificar algunos puntos de inflexión en el régimen de laicidad mexicano y las condiciones que llevaron a su transformación;

(3) *La participación social y política de las iglesias,* donde se ofrecen algunas pistas para comprender la importancia de las organizaciones religiosas más allá de los elementos dogmáticos y rituales; y

(4) *¿Hacia dónde va la laicidad en México?,* que plantea algunas necesidades de reformular el régimen de laicidad frente a la diversificación religiosa y espiritual.

Las reflexiones aquí vertidas surgieron a partir del diálogo con Gina Marcela Reyes, Jesús López y Cristian Badillo, en el marco del Seminario *Comunidades Religiosas, Laicidad y Democracia: Horizontes de Diálogo en la Construcción de Paz*, organizado por Felipe Gaytán y auspiciado por la Universidad La Salle México y la Fundación Konrad Adenauer. Así pues, las ideas que se exponen a continuación no pretenden ser exhaustivas, totales, o incuestionables. Por el contrario, he procurado rescatar tanto las certezas como las interrogantes compartidas en dicho espacio.

1. Coordenadas conceptuales: religión, secularidad, y laicidad.

Esbozar una definición de *religión* es una tarea ardua, pues esta conlleva una serie de creencias, prácticas, significados y experiencias subjetivas, que difícilmente pueden aprehenderse a través de un concepto. Conscientes de esa limitante, y dejando de lado las consideraciones de orden teológico y filosófico, las ciencias sociales han procurado aproximarse a lo religioso a partir de numerosas perspectivas[2]. En este texto se adopta una funcionalista; es decir, que enfatiza las funciones que cumple lo religioso en una sociedad. Siguiendo a Émile Durkheim (2014), la religión puede definirse como un sistema integrado de creencias y de prácticas a partir del cual se generan distinciones entre lo sagrado y lo profano. Este sistema forja además una identidad compartida entre las personas creyentes; un código de conducta basado en las creencias que les mantienen

2. Así, por ejemplo, las definiciones *esencialistas* se centran en las características inmanentes de lo religioso, mientras que las *funcionalistas* destacan las funciones que desempeña, y no en sus componentes.

unidas; y, en ese sentido, una manera de comprender tanto el mundo social como el papel que se ocupa dentro de este. Así pues, lo religioso conlleva una forma de percibir a otras personas, sus identidades y sus prácticas, y por consiguiente de construir relaciones sociales dentro y fuera de las comunidades de fe.

Como cualquier otra, la definición aquí referida tiene alcances y limitaciones. A pesar de las segundas, en este texto se ha decidido adoptar dicho concepto en virtud de su pertinencia para comprender las expresiones sociales de lo religioso, así como de los desencuentros entre quienes comparten sus códigos morales y quienes se alejan de ellos. En otras palabras, este artículo parte de la premisa de que lo religioso no se restringe a los dogmas de fe y los rituales, sino que se manifiesta en la vida social. Comprender dichas manifestaciones resulta de la máxima importancia en las sociedades actuales, marcadas por una creciente diversificación no sólo en las adscripciones religiosas, sino en las identidades y en las formas de vida.

No es casualidad que buena parte de la historia puede explicarse a partir de lo religioso. En el periodo previo al advenimiento de la modernidad, la religión ocupó un papel primordial en la organización de sociedades tan distintas entre sí como las prehispánicas, en el continente americano; el califato omeya, en medio oriente, el norte de África y la península ibérica; o los reinos medievales en Europa. La centralidad de lo religioso puede apreciarse en su capacidad para permear otras esferas sociales: las creencias, códigos morales, y marcos de interpretación que derivan de la religión se extienden al ámbito político, el económico, el sanitario, o el educativo, tan sólo por mencionar algunos ejemplos. Este tipo de sociedad se denomina *integrista* y, contrario a lo que pudiera pensarse, no se restringe a la época premoderna[3].

La contraparte de lo anterior es la sociedad *secular;* es decir, aquella que se organiza con independencia de la religión. Esta característica, empero, no surge *ex nihilo* sino a través de un proceso de desplazamiento de lo religioso como eje. Dicho proceso se denomina *secularización* (Hadden y Shupe, 1998; Casanova, 2006; Esquivel, 2008; Gaytán, 2018), y puede presentarse de distintas maneras dependiendo de las condiciones políticas, sociales, económicas y culturales en las que se inscribe. En Europa, por ejemplo, la secularización ocurrió a la par de otros dos procesos:

(a) *La modernización,* mediante la cual las formas tradicionales de pensamiento se sustituyeron por el antropocentrismo y la racionalidad; el capitalismo transformó los patrones de producción y de consumo, y con ello las posibilidades de movilidad social; y la búsqueda de conocimiento científico se apartó de los preceptos normativos, filosóficos y religiosos (Larmore, 1996; Shilliam, 2010; Rakita, 2017).

(b) *La laicización,* a partir del cual surgió una separación entre lo político y lo religioso (Blancarte, 2009; Baubérot, 2010; Martínez, 2011). Esto último implica que la legitimidad de las autoridades políticas no reside ya en fuentes religiosas, como el mandato divino o la anuencia de una Iglesia oficial, sino en referentes seculares, tales como la voluntad popular (Blancarte, 2008b) o en su caso la capacidad para imponerse por encima de otros actores políticos.

3. Arabia Saudí es un buen ejemplo de esta condición, en la que la totalidad de las actividades sociales son congruentes con el Islam wahabí.

El hecho de que los tres procesos se hayan presentado al mismo tiempo en el caso europeo derivó en la idea equivocada de que toda sociedad habría de transitar por ese mismo camino. Así, en las primeras aproximaciones científicas al fenómeno religioso se supuso que en la medida en que las sociedades se modernizaran experimentarían también los procesos de secularización y de laicización. Más aún, se partió de la premisa de que lo religioso perdería su importancia social, confinándose exclusivamente al espacio privado y eventualmente desapareciendo por completo (Berger, 1967; Luckmann, 1967; Martin, 1967).

Hoy sabemos que las tesis anteriores eran erróneas: (a) la religión no ha desaparecido; por el contrario, esta se ha revitalizado a partir de su reconfiguración para responder a las necesidades contemporáneas (De la Torre, 2001; Gutiérrez, 2005; De la Torre y Gutiérrez, 2008; Corpus, 2019; De la Torre, Gutiérrez y Hernández, 2020); (b) en tanto que se trata de un fenómeno eminentemente colectivo, y por tanto social, lo religioso no se ha confinado al espacio privado (Bokser, 2008; Panotto, 2013; Scuro, 2018; De la Torre y Semán, 2021); y (c) como ocurre con otras tantas disposiciones legales, la separación formal entre lo político y lo religioso no necesariamente significa que en la práctica haya desaparecido el contacto entre ambos campos (Casanova, 2006; Blancarte, 2008; Baubérot, 2010; Calhoun, 2010; Yturbe, 2010; Díaz, 2014; Lerma, 2021; Molina, 2023). Esto último constituye un problema central: si ese contacto continúa, ¿significa que el proceso de laicización está incompleto? El Estado laico suele pensarse como aquel que está separado de la(s) Iglesia(s). Y aunque esa condición es necesaria, resulta insuficiente para afirmar que un Estado se organiza con base en el principio de laicidad.

Si bien no existe un consenso generalizado sobre su significado, cuestión que ha derivado en el uso displicente de la palabra, aquí se propone definir la laicidad como el principio de autonomía estatal respecto de creencias, normas, autoridades y organizaciones dogmáticas, tanto religiosas como seculares (Molina, 2018). En ese sentido, la laicidad tiene cuando menos cuatro implicaciones visibles: (a) la separación formal entre Estado e Iglesia(s); (b) la ausencia de oficialidad de una religión; (c) la ausencia de tratos preferenciales a una organización religiosa o un cuerpo de creencias en particular; y (d) el diseño de instituciones, leyes y políticas públicas con total autonomía respecto de dogmas.

Empíricamente es posible observar numerosos modelos de laicidad estatal, que se ajustan en mayor o menor medida a las dimensiones antes referidas. Así, por ejemplo, Argentina se define constitucionalmente con un Estado laico y no tiene una religión oficial. Empero, esta mantiene un Concordato con la Santa Sede, lo que coloca al catolicismo en una posición de privilegio (Esquivel, 2010). En México, donde el Estado se separó de la Iglesia Católica desde 1857 e incluso se prohibió la injerencia de cualquier organización religiosa en el espacio público, dicha organización ha tenido una capacidad de negociación con la autoridad política claramente mayor que la de otras agrupaciones. Y aunque dicha afirmación debe matizarse en virtud de algunos episodios en los que la relación con el Estado fue más bien conflictiva, lo cierto es que su posición dista mucho de la de las Iglesias minoritarias que, como se discutirá en los acápites subsecuentes, en algunos casos buscan que se reconozca su incidencia social.

2. El Estado laico en México: del anticlericalismo a la pluralidad.

Los orígenes del Estado laico en México se remontan a mediados del siglo XIX, y su instauración provocó una guerra civil entre quienes argumentaban que la Iglesia Católica habría de continuar como autoridad política y quienes apostaban por separar al Estado de su influencia. La disyuntiva puede entenderse mejor si se piensa que la ocupación española duró tres siglos; durante ese periodo, el Virreinato de la Nueva España adoptó un régimen confesional (Pérez, 2014). La unión entre la Corona Española y la Iglesia Católica permitía subsanar las necesidades gubernamentales, administrativas, y sociales (Brading, 2015; Núñez, 2023). Así, por ejemplo, la legitimidad de la monarquía (y por tanto del virreinato) descansaba en la aprobación de la Iglesia, que a su vez se hacía cargo de proveer servicios sanitarios, educativos, y de atención a población vulnerable a partir de prácticas congruentes con sus códigos morales. Por otro lado, la exclusividad de la religión católica proporcionó un marco de interpretación sobre el mundo social, y por tanto de las creencias, las prácticas y las identidades socialmente aceptadas.

Después de su independencia política México atravesó por un vaivén de proyectos políticos distintos, todos ellos marcados por una profunda inestabilidad[4]. Así pues, durante las primeras décadas de vida autónoma se conservaron las estructuras institucionales previas: la unión entre Estado e Iglesia Católica no se cuestionó, y el catolicismo se asumió como parte esencial de la identidad nacional mexicana (Vázquez,

4. Así, por ejemplo, se discutió la pertinencia de adoptar un régimen imperialista, monárquico o republicano; una vez que se instauró el último se confrontaron los modelos centralista y federalista; y posteriormente los proyectos confesional y laico.

2004)[5]. Empero, la irrupción de la logia masónica yorkina[6] y la posterior influencia de sus miembros en la política derivó en la interrogante de si el Estado podía o no consolidar su autoridad al margen de la ya citada Iglesia (Vásquez, 2009).

Para la década de 1850 se aprobaron un conjunto de normas conocidas como *Leyes de Reforma*, precisamente porque significaron una modificación radical del sistema político mexicano. Impulsadas por el Partido Liberal, dichas leyes previeron la separación entre Estado e Iglesia(s), otorgándole al primero varias de las responsabilidades otrora subsanadas por la organización religiosa[7]. Además, se nacionalizaron los bienes eclesiásticos, se suprimieron los privilegios para quienes forman parte del clero, y se prohibió el cobro obligatorio del diezmo para las clases con ingresos económicos bajos (Yturbe, 2010; Blancarte, 2014).

En 1857 se promulgó una nueva Constitución, en la que se reivindicaron las Leyes de Reforma y se instauró formalmente la separación entre el Estado y la(s) Iglesia(s). Ello constituye

5. El acuerdo entre las fuerzas armadas realistas y los movimientos insurgentes dieron origen al Ejército Trigarante, que impulsó la independencia política de México. El nombre de este remite a las tres garantías que entonces se pensaron como centrales para el naciente país: religión, independencia y unión.
6. Al igual que en el resto de América Latina, las logias masónicas tuvieron una fuerte influencia en la política nacional mexicana en virtud de las redes de colaboración al interior de cada una de ellas, así como de la formación de una conciencia política a partir de ideales compartidos. En México, las logias más relevantes fueron dos: (a) la Escocesa, cuyos integrantes defendían la unión entre Estado e Iglesia Católica, y (b) la Yorkina, cuyos miembros apostaban por la separación entre ambos para asegurar la supremacía del primero.
7. Así, por ejemplo, la administración de los cementerios, el registro de nacimientos, matrimonios y defunciones, y la provisión de educación, entre muchas otras materias, pasaron a manos del Estado.

un punto de inflexión en la historia del país por varias razones (Suprema Corte de Justicia de la Nación, 2023):

(a) Porque trastocó los privilegios históricamente otorgados a la Iglesia Católica en virtud del confesionalismo estatal;

(b) Porque estableció la libertad de culto[8], reconociendo el derecho de los individuos a elegir si desean o no profesar creencias religiosas y en su caso cuáles, y con ello abrió la posibilidad de diversificación confesional;

(c) Porque estableció la autonomía estatal y su supremacía sobre cualquier otra institución, modificando por completo la manera de entender al propio Estado; y

(d) Porque fundó la noción de ciudadanía, a partir del reconocimiento de derechos entre individuos libres e iguales ante la ley.

Así pues, la Carta Magna de 1857 puede pensarse como un giro de tuerca en la vida política y social que había prevalecido por poco más de tres siglos. Como es de esperarse, la radicalidad de la propuesta generó profundos debates que más tarde se tornaron en enfrentamientos armados, y que eventualmente dieron origen a la Guerra de Reforma[9]. Una parte de la lucha puede entenderse a partir de las modificaciones en la posición de la Iglesia Católica, que iban en detrimento de sus intereses institucionales. Empero, aquí se propone que el debate trasciende esa discusión. El trasfondo de las confrontaciones son las consecuencias sociopolíticas del nuevo marco normativo: la libertad de culto conlleva la eventual pérdida de hegemonía católica; es decir, la heterogeneidad en las creencias, las prácti-

8. Cabe recordar la diferencia entre libertad de culto y libertad religiosa; la primera es un derecho individual, y se restringe al ámbito privado.

9. La guerra de Reforma fue un enfrentamiento armado que tuvo lugar entre 1857 y 1861, en el que se enfrentaron los bandos conservadores y liberales.

cas, y los marcos de interpretación sobre el mundo social. Por su parte, el reconocimiento de la autonomía estatal implica que las instituciones, las leyes y las políticas públicas que emanan de este ya no están supeditadas a la Iglesia, y tampoco a los códigos morales del catolicismo. Por último, el hecho de que la población mexicana se piense como libre e igual ante la ley deriva en la ausencia de un tutelaje otrora proporcionado por la unión entre Estado e Iglesia Católica.

De aquí se deriva que las Leyes de Reforma y la Constitución de 1857 significaron el inicio del Estado laico, pero también un impulso al proceso de secularización. Este doble proceso implica que, así como la Iglesia Católica perdería su peso en asuntos políticos, administrativos y legales, se esperaba que las creencias, prácticas, y códigos morales vinculados con el catolicismo perdieran importancia. Aunado a ello, la unidad y el sentido de pertenencia asociados con la religión habrían de sustituirse por la identidad nacional.

Las consideraciones anteriores deben matizarse en varios sentidos. Primero, porque para que se estableciera la autonomía estatal respecto de la(s) Iglesia(s) era necesario que la sociedad mexicana alcanzara cierto grado de secularidad; esto es, si lo religioso hubiese permanecido como centro a ojos de todos los grupos sociales, habría sido imposible que surgiera el Estado laico siquiera como propuesta. Segundo, porque la Guerra de Reforma puede explicarse precisamente como una confrontación entre grupos políticos integristas y seculares. Tercero, porque tanto la laicización como la secularización son procesos complejos, y en ese sentido las transformaciones que aquí se exponen no ocurrieron de manera inmediata, y tampoco homogénea en el territorio nacional.

A pesar de estas previsiones, en términos generales puede afirmarse que el modelo de laicidad que surgió entonces estuvo basado en tres supuestos básicos:

(a) Que la religión es un derecho, y por tanto es potestad de los individuos decidir si desean o no profesarla;

(b) Que la religión es un asunto privado, por lo que sus manifestaciones habrían de desaparecer del espacio público bajo el supuesto de que este es de dominio estatal;

(c) Que la laicización del Estado es coincidente con la secularización social.

Estos supuestos se mantuvieron en el marco jurídico hasta fines del siglo XIX. Al respecto, es importante señalar la brecha existente entre los preceptos normativos, por un lado, y las prácticas políticas y sociales, por el otro. Si bien la libertad de culto se respetó por parte del Estado, lo cierto es que durante la larga administración de Porfirio Díaz[10] la Iglesia Católica coadyuvó en la provisión de servicios educativos y sanitarios, y las expresiones públicas de lo religioso no se sancionaron (Pérez, 2012). La irrupción de los movimientos revolucionarios que dieron fin al mandato de Díaz puso en suspensión este arreglo, y también las discusiones sobre el papel que habría de ocupar la ya referida Iglesia una vez que se consolidara el nuevo Estado.

En un clima caracterizado todavía por una profunda inestabilidad política, la Constitución de 1917 estableció la laicidad de la educación pública y recrudeció las restricciones a las organizaciones religiosas, especialmente en lo que concierne al número de ministros y a la capacidad estatal para prohibir el establecimiento de agrupaciones confesionales en el país (Casillas, 1997; Garma, 1999; Machado, 2016). Estas condiciones provocaron un nuevo conflicto armado en el que, al igual que durante

10. Porfirio Díaz gobernó durante 35 años, en el periodo comprendido entre 1876 y 1911.

la Guerra de Reforma, se confrontaron grupos integristas católicos y grupos seculares, con o sin afiliación religiosa.

Este enfrentamiento civil, conocido como *Guerra Cristera*, se extendió por buena parte del occidente y el centro del país, y culminó con la reivindicación de la supremacía del Estado en 1929 (Olivera, 2020). A partir de entonces, y durante las siguientes seis décadas, no hubo cuestionamientos sobre el marco jurídico que sustenta el modelo de laicidad mexicano. Sin embargo, ello no significa que las organizaciones religiosas, y especialmente la Iglesia Católica, estuvieran conformes con dicho modelo. De hecho, las relaciones entre esta y el Estado no se mantuvieron estáticas, sino que se transformaron en virtud de la coincidencia o el choque de sus intereses (Molina, 2012). Así, por ejemplo, a la de por sí complicada posición de la Iglesia Católica durante la década de los años veinte se sumó la instauración de la educación socialista en 1934, durante el sexenio de Lázaro Cárdenas. En respuesta a esa disposición, la citada Iglesia lanzó un comunicado en el que manifestó que ninguna persona católica puede ser socialista (Montes de Oca, 2008). Las tensiones entre ambos actores se redujeron con la llegada de Manuel Ávila Camacho a la silla presidencial. Para promover la política de conciliación nacional, se hicieron importantes modificaciones al sistema educativo entre las que destacan la expansión de su cobertura, la reivindicación de la laicidad, la eliminación de su enfoque socialista, y la sustitución de este por el humanismo (Molina, 2012).

El vaivén de las relaciones entre la Iglesia Católica y el Estado postrevolucionario tiene varios puntos de inflexión, entre los que destacan: (a) la introducción de los libros de texto gratuitos, en 1959, que enfrentó a ambos actores puesto que la jerarquía eclesiástica consideró que representaba una imposición del Estado en detrimento de la formación religiosa; (b) la lucha contra el comunismo, cuyo punto más álgido ocurrió en las décadas de 1960 y 1970, y que derivó en la colaboración entre Estado e Iglesia frente a un enemigo común; (c) la sustitución de la política de natalidad por la de planificación familiar, en la década de 1970, que provocó nuevos desencuentros con la jerarquía católica; y (d) el interés de ambos actores por entablar canales de colaboración, manifiesta por parte del Estado en la construcción de la Basílica de Guadalupe y el recibimiento al entonces Papa Juan Pablo II, y por parte de la Iglesia Católica mediante la intención explícita de coadyuvar en el desarrollo del país (Blancarte, 2012; Molina, 2012; Díaz, 2020).

No es objeto de este texto profundizar en los pormenores de las relaciones entre el Estado mexicano y una o más Iglesias. Lo que aquí interesa señalar es la continuidad en el marco jurídico a partir del cual se fundó el régimen de laicidad mexicano, así como la brecha entre este y las prácticas políticas y sociales. Las disposiciones legales que instauraron la supremacía del Estado, restringiendo las manifestaciones públicas y la participación política de la(s) Iglesia(s) se mantuvieron; por el contrario, las actividades, la presencia social, y las capacidades de movilización y de negociación por parte de las organizaciones religiosas se modificaron ostensiblemente a lo largo del tiempo.

Mucho se ha cuestionado sobre "el retorno de lo religioso" a la esfera pública, bajo el supuesto de que sus expresiones nunca se restringieron a la privacidad de los hogares y los templos (Blancarte, 2015; Esquivel, 2016; Gaytán, 2018; Vilchis, 2020). La evidente distancia entre el marco normativo y la realidad empírica hizo necesario repensar el principio de laicidad del Estado, y con ello el papel de las agrupaciones religiosas y espirituales en materia política y social. Sobre esto último, debe señalarse que la diversidad confesional ha crecido de manera acelerada desde la década de 1950 (Garma,

2011). Ese proceso añadió heterogeneidad al escenario religioso en el país, y por tanto contribuyó a problematizar el régimen de laicidad vigente hasta entonces. Como se ha dicho ya, el Estado laico en México estuvo pensado a partir de los principios del liberalismo decimonónico y dirigido a frenar la influencia de una Iglesia en lo particular. Por ese motivo, buena parte de las disposiciones legales está construida a partir de una lógica católica, y resulta inadecuada para normar sobre agrupaciones religiosas o espirituales que operan bajo preceptos distintos.

Sea como fuere, lo cierto es que el régimen de laicidad en México, y con ello la manera de entender la participación de las Iglesias en el espacio público, cambió visiblemente a partir de 1992. Ese año se reformaron los artículos 3°, 24, 27 y 130 de la Constitución, y se promulgó la Ley de Asuntos Religiosos y de Culto Público (Cámara de Diputados, H. Congreso de la Unión, 2015). Estas modificaciones mantuvieron algunas continuidades respecto del modelo anterior; no obstante, constituyen un punto de inflexión en varios sentidos:

(a) La autonomía y la supremacía del Estado se mantienen; empero, las facultades de este sobre los asuntos internos de las organizaciones religiosas se redujeron.

(b) En virtud del principio de laicidad, se prohíbe que los actores religiosos participen políticamente o hagan proselitismo, y que las personas que ejercen el ministerio de culto se postulen a cargos públicos o de elección popular. Sin embargo, y a diferencia del arreglo anterior, se les otorgó el derecho al voto.

(c) Se regulan las manifestaciones de lo religioso en el espacio público, definiendo los procedimientos y autoridades competentes para su autorización. Estas disposiciones distan de los marcos normativos anteriores, en los que se procuró restringir lo religioso al espacio privado (a pesar de que en la práctica no se respetara).

(d) Se reconoce la personalidad jurídica de las iglesias que se constituyan como asociaciones religiosas ante la Secretaría de Gobernación (SEGOB). Ello implica que estas adquieren derechos y obligaciones legales, entre las que destaca la administración de bienes. Aún más importante, el reconocimiento conlleva que el Estado asume a las Iglesias como interlocutoras válidas, sentando con ello una nueva base para las relaciones entre ambos.

Estos cambios resultan de la necesidad de generar un marco normativo adecuado a las necesidades de la época; al mismo tiempo, las condiciones antes referidas modificaron por completo la manera de entender lo religioso en el espacio público, y por tanto de entablar relaciones entre el Estado y las Iglesias, ahora en plural. Como se discutirá en el siguiente apartado, durante la administración presidencial de Andrés Manuel López Obrador ha habido un viraje significativo en esto último.

Hoy puede afirmarse que las premisas en las que se basó el modelo de laicidad mexicano desde sus orígenes no necesariamente se corresponden con la realidad empírica: (a) la libertad de culto es un derecho individual, pero la religión es un fenómeno eminentemente colectivo; (b) las manifestaciones de lo religioso no se han restringido a los espacios privados; y (c) la instauración del Estado laico de ninguna manera ha logrado homogeneizar los marcos de interpretación de la población a partir de la secularidad. Así pues, y a pesar de las reformas antes referidas, la realidad parece rebasar las fronteras de lo que se establece en los marcos normativos. Entonces, ¿cómo hacerlos sensibles al acontecer social?

3. La participación social y política de las Iglesias.

En el acápite anterior se han esbozado brevemente los orígenes del modelo de laicidad mexicano, así como las continuidades y las rupturas que representan las reformas de 1992 sobre el particular. Mucho ha cambiado desde entonces; aquí se propone que, así como el marco normativo vigente hasta entonces resultaba poco adecuado para regular lo religioso en esa época, las condiciones actuales exigen una actualización de dicho marco.

En 2012 se dio un paso importante en ese sentido, con la reforma al artículo 40 de la Constitución. En este se indica ahora que "Es voluntad del pueblo mexicano constituirse en una república representativa, democrática, laica y federal" (Soberanes, 2015). Esta modificación es trascendente, pues coloca a la laicidad como principio fundante. La pregunta es, entonces, qué se entiende por laicidad y de qué manera habría de ajustarse el modelo a las nuevas condiciones sociales.

En el encuentro académico que tuvo lugar en la Universidad La Salle, y que se ha referido en el apartado introductorio de este capítulo, se reflexionó ampliamente sobre dichas condiciones, poniendo especial énfasis en la participación social y política de las Iglesias. Es importante advertir que, a pesar de que el marco jurídico en el que se basó el régimen de laicidad mexicano hasta 1992 era bastante restrictivo, ello no impidió que las agrupaciones religiosas y espirituales realizaran labores de incidencia social. Así, por ejemplo, es bien sabido que la Iglesia Católica impulsó organizaciones de laicos afines a sus valores morales, y cuyas acciones de ningún modo se restringieron al espacio privado[11]. De hecho,

11. Aquí se ubican Acción Católica Mexicana (ACM), Caballeros de Colón, Damas Isabelinas, la Unión de Católicos Mexicanos (UCM), la Asociación de María Auxiliadora, la Sociedad San Vicente de Paul, el Movi-

el propósito de estas consistía precisamente en llevar las vivencias religiosas más allá de lo personal, coadyuvando tanto en la evangelización como en la procuración del bienestar social (Aspe, 2008; De la Torre, 2009). Para ello se dio continuidad a las actividades de organizaciones cuyo origen antecede a la promulgación del texto constitucional de 1917, y se apoyó la consolidación de aquellas que se crearon durante las décadas posteriores[12]. Lo mismo ocurre con otras denominaciones religiosas, especialmente de raíz cristiana, que ofrecen ayuda para grupos socialmente vulnerables.

Las modificaciones al régimen de laicidad que derivaron de las reformas de 1992, y con ello de la promulgación de la LARCP, influyeron indudablemente en la visibilización de estas organizaciones. Por un lado, debe advertirse que la diversidad religiosa en México antecede por mucho a la década de los noventa; no obstante, su registro ante la SEGOB y el reconocimiento de su personalidad jurídica conllevaron una forma diferente de relacionarse con el Estado y de constituirse como parte del imaginario social. Por otro, la participación social de las Iglesias, otrora invisibilizada en virtud de las restricciones propiciadas por un régimen de laicidad marcadamente anticlerical, fue también objeto de mayor atención.

miento de Enfermeras de la Acción Católica, el Movimiento Familiar Cristiano, el Movimiento de Cursillos de Cristiandad (MCC), la Comunidad Sant' Egidio, la Asociación Mexicana para la Superación Integral de la Familia (AMSIF), entre muchas otras.

12. No obstante, debe señalarse que la celebración del Concilio Vaticano II (1962 – 1965) y la heterogeneidad de las interpretaciones sobre sus disposiciones condujeron a posteriores conflictos en el seno de la Iglesia Católica tanto en la región latinoamericana como en México. A pesar de ello, puede afirmarse que el apoyo a las organizaciones de laicos destinadas a realizar labores sociales fue firme; de hecho, en los documentos resultantes del Concilio se enfatiza la importancia de dichas organizaciones.

Y es que, contrario a lo que pudiera pensarse, la participación social de las Iglesias no se restringe a los actos de caridad. En ellas se tejen también relaciones y vínculos de confianza; fungen como espacios de encuentro y de apoyo entre personas con identidades, experiencias, y necesidades diversas. En ese orden de ideas, las actividades sociales de las agrupaciones religiosas y espirituales va mucho más allá de la donación de dinero o de bienes para la subsistencia. Así, por ejemplo, estas administran albergues para población en situación de pobreza; ayuda para migrantes; acompañamiento para víctimas de la violencia; espacios artísticos, culturales y educativos; y tratamientos de superación de adicciones; entre muchas otras líneas de acción (Paz y Vilchis, 2022). El tipo de atención que se brinda a los grupos antes referidos o los lineamientos a partir de los cuales se administran dichos espacios han sido cuestionados con frecuencia[13]. Con independencia de ello, lo cierto es que lo religioso no sólo no desapareció del espacio público, sino que su participación se ha adecuado tanto a las necesidades sociales como a las condiciones políticas del país.

En épocas recientes pueden identificarse varios puntos de inflexión en ese último sentido: (a) las reformas de 1992, que cambiaron la base legal que regía a las organizaciones religiosas y espirituales, y con ello su capacidad de relacionarse con el Estado; (b) la reforma de 2012, en la que la importancia de la laicidad se reivindicó mediante su formulación como principio

13. Por ejemplo, algunas organizaciones religiosas imparten *terapias de conversión* para "corregir" las preferencias sexuales de los sujetos; otras buscan persuadir a las mujeres embarazadas de tener a su bebé, y en su caso darlo en adopción; y otras más tratan las adicciones mediante una serie de pasos compatibles con las enseñanzas del Evangelio. Estas soluciones no necesariamente se apegan a criterios científicos, y muchas de ellas tampoco a la perspectiva de género.

fundante de la república mexicana; y (c) la llegada de Andrés Manuel López Obrador a la presidencia en 2018, y con ello la reconfiguración de las relaciones entre Estado e Iglesias, así como de las intersecciones entre lo político y lo religioso.

A diferencia de otros mandatarios, el actual presidente de la república ha mostrado una apertura explícita a la presencia de lo religioso en el espacio público, alejándose además de la perspectiva católico-céntrica. Ello fue visible en la toma de posesión, en la que se incorporaron símbolos y rituales asociados con la religiosidad indígena (Barranco, 2018). En esa misma tesitura, en el discurso de López Obrador se hacen continuas referencias a Dios y a Jesucristo (Barranco y Blancarte, 2019), así como a un conjunto de preceptos morales que desde su punto de vista habrían de permear la vida pública en el país. Esto último se refleja también en algunas propuestas concretas, como la redacción de una *Constitución Moral*. Dicho proyecto fue severamente criticado en virtud del principio de laicidad (Barranco y Blancarte, 2019), y eventualmente derivó en un texto distinto, titulado *Guía Ética para la Transformación de México* (Redacción El Economista, 2020). Paralelamente, la Secretaría de Educación Pública (SEP) lanzó una nueva edición de la *Cartilla Moral* de Alfonso Reyes con el propósito de inculcar valores en la población mexicana. En un apartado introductorio, firmado por el propio López Obrador, se afirma que la decadencia que ha experimentado el país se debe a la corrupción y la falta de oportunidades, pero también a la pérdida de valores culturales, morales y espirituales (Reyes, 2018). No es este el espacio para reflexionar sobre las falencias lógicas de esa explicación; empero, es importante señalar que dicha declaración dista del principio de laicidad. Ciertamente, el texto no refiere un cuerpo de creencias en lo particular; a pesar de ello, un representante del Estado no tendría por qué pronunciarse a favor de la moralidad ni de la espiritualidad.

La distribución de la *Cartilla Moral* estuvo a cargo de la SEP, y se llevó a cabo con el apoyo de la red de iglesias evangélicas Confraternice, liderada por Arturo Farela (Redacción El Universal, 2019). Así mismo, este declaró públicamente que la autodenominada *Cuarta Transformación* estaba impulsando una revolución espiritual, y que el programa Jóvenes Construyendo el Futuro[14] constituía una oportunidad para predicar el Evangelio. El gobierno en turno desmintió dichas afirmaciones, y la relación con Farela se enfrió a partir de entonces (Barranco, 2019). No obstante, ambos hechos originaron interrogantes sobre la plausibilidad y la pertinencia de que las organizaciones religiosas participen en programas gubernamentales, o de que coadyuven en su implementación[15].

Las transformaciones en la manera de comprender el régimen de laicidad, y con ello la presencia de lo religioso en el espacio público, han trastocado también algunos espacios institucionales. El caso más significativo en ese sentido es el de la Dirección General de Asociaciones Religiosas de la SEGOB, que incluso cambió su nombre a Dirección General de Asuntos Religiosos (DGAR). Esta modificación no es menor, pues denota el tránsito entre una oficina destinada principalmente a los procesos de registro de las asociaciones religiosas y otra dedicada a un número más amplio de temáticas vinculadas con lo religioso. Al respecto, debe reconocerse que la DGAR es actualmente una instancia de diálogo y de colaboración con actores gubernamentales y no gubernamentales en

14. Jóvenes Construyendo el Futuro es un programa del gobierno federal que inició en 2019, y cuyo objetivo consiste en proporcionar espacios de capacitación para personas en un rango de edad entre los 18 y los 29 años, que no estudian ni trabajan.
15. En 2018, Andrés Manuel López Obrador le extendió una invitación al sacerdote católico Alejandro Solalinde para fungir como titular de la Comisión Nacional de Derechos Humanos (CNDH)

los niveles federal, estatal y municipal. En ese sentido, sus actividades incorporan actores de la academia, la sociedad civil, y agrupaciones religiosas y espirituales con independencia de su personalidad jurídica.

Muestra de ello es la implementación del programa *Creamos Paz,* cuyo objetivo consiste en formar a personas formadoras a partir de los principios de libertad, igualdad, y no discriminación, desde una perspectiva de Derechos Humanos. En el programa participan la propia DGAR, a través del personal a nivel federal pero también de sus representaciones estatales, y el Consejo Nacional Para Prevenir la Discriminación (CONAPRED). La primera edición del programa se realizó en Chiapas, y en ella se generaron cursos, talleres y espacios de diálogo entre personas creyentes de distintas denominaciones, incluyendo algunos liderazgos religiosos (Molina, 2023). Es menester señalar que esta entidad federativa fue la primera en la que el catolicismo perdió la mayoría, y que además se ha caracterizado por conflictos interreligiosos vinculados tanto con la participación en las fiestas patronales como con la propiedad territorial. Al respecto, el programa *Creamos Paz* ha procurado generar conciencia sobre los actos de discriminación por motivos religiosos en Chiapas, y que van desde la ruptura de los lazos sociales hasta los desplazamientos forzados (Ogaz, 2020).

Resulta complicado medir los resultados del programa, pues el plazo transcurrido entre su realización y la actualidad es corto. A pesar de ello, según testimonios tanto del personal de la DGAR estatal como de las personas participantes, el espacio generó interés por parte de grupos disímiles, y que en la mayoría de las ocasiones estaban alejados cuando no abiertamente confrontados. En ese sentido, puede decirse que el programa cumplió con el propósito de entablar relaciones entre actores religiosos y gubernamentales que, aunque difieren en sus creencias, prácticas y convicciones, comparten una preocupación por la violencia y la desigualdad presentes en el estado.

El viraje en los objetivos y las líneas de acción en la DGAR, observables en la experiencia antes referida, conlleva cuando menos cuatro interrogantes en torno al régimen de laicidad en México:

1. ¿Puede considerarse que la participación social de las Iglesias en el país es extraordinaria?

Como se ha advertido anteriormente, en este texto se sostiene que en México las organizaciones religiosas nunca se restringieron a las celebraciones rituales y la enseñanza del culto. Muchas de ellas contemplan la dimensión social en su misión salvífica, ya sea mediante la evangelización o a través de obras que desde su perspectiva aportan al bienestar colectivo. Esto último conlleva un amplio abanico de actividades que, a diferencia de lo que se estipulaba en el marco jurídico mexicano, rebasan las fronteras del espacio privado.

En esa lógica, aquí se estipula que la participación de las Iglesias en la arena social no es una excepcionalidad, y tampoco una novedad resultante de las reformas de 1992 o de la actual administración a nivel federal. Por el contrario, esta se ha diversificado en virtud de las necesidades que surgieron con el transcurrir del tiempo. Empero, debe señalarse que dicha participación era frecuentemente ignorada o poco reconocida. Sobre ello, autores como Erick Paz y David Vilchis sostienen que buena parte del trabajo académico sobre las organizaciones religiosas se centró sobre todo en las relaciones entre liderazgos políticos y eclesiales, asumiendo erróneamente que las bases de la feligresía no eran importantes, o que se mantenían como entidades pasivas (Paz y Vilchis, 2022).

En ese orden de ideas, resulta trascendente reconocer que la realidad social no se adecuó del todo a los principios del liberalismo decimonónico que dieron origen al régimen de laicidad en México: lo religioso no se restringió al espacio privado, y las Iglesias no renunciaron a sus actividades sociales. Únicamente las adecuaron a los requerimientos legales de cada época; así pues, el marco legal y el clima político actual permiten una visibilidad de la que no solían ser objeto.

2. ¿Qué implicaciones tiene que las agrupaciones religiosas atiendan problemáticas sociales?

Aquí se sostiene que las agrupaciones religiosas y espirituales poseen indudablemente una dimensión social, que deriva precisamente de su carácter colectivo. Dicha dimensión puede pensarse a partir de dos categorías: (a) por un lado, las consecuencias sociales directamente vinculadas con la comunidad de creyentes, entre las que destacan la generación de identidades compartidas, de códigos de conducta y de marcos de interpretación del mundo; (b) por otro, las actividades que trascienden a la comunidad de creyentes, y que tienen como objetivo subsanar las necesidades sociales. Estas últimas constituyen el núcleo de la interrogante, especialmente si se considera que México es una república constitucionalmente laica.

La atención de las agrupaciones religiosas y espirituales en materia social contempla un amplio rango de problemáticas, que van desde la ayuda a grupos vulnerables hasta la atención médica y psicológica. Este tipo de participación ha generado reacciones adversas entre quienes defienden que la laicidad estatal implica necesariamente la restricción de lo religioso al espacio privado, y favorables entre quienes sostienen que los problemas sociales habrían de solucionarse mediante la colaboración entre el Estado y los diversos grupos que conforman la sociedad civil. No es objeto de este texto emitir un juicio de valor al respecto. Por el contrario, aquí se propone hacer un balance sobre un fenómeno cuyos antecedentes se ubican en la época virreinal, y que prevalece hoy en día tras su reconfiguración en virtud de los múltiples cambios en el marco jurídico nacional, así como de sus condiciones políticas, sociales y culturales.

Una consecuencia clave de la participación social de las agrupaciones religiosas o espirituales es que estas han dado atención a un cúmulo de personas que de otro modo no habrían obtenido ese apoyo. Así, por ejemplo, en 2019 el líder de Confraternice declaró que las iglesias evangélicas que forman parte de esta ofrecerían su ayuda para atender a las caravanas de migrantes (Jiménez, 2019). En 2022 se firmó un acuerdo entre la Secretaría de Salud de Baja California, el Fondo de Naciones Unidas para la Infancia (UNICEF), la Organización Humanitaria de la Comunidad Judía Mundial (CADENA) y la Agencia de Desarrollo y Recursos Asistenciales de la Iglesia Adventista en México (ADRA), en el que se establecieron líneas de acción conjuntas para proporcionar atención médica a la población migrante en Tijuana (Iglesia Adventista del Séptimo Día, 2022). Según información de la Conferencia del Episcopado Mexicano, actualmente existen 54 casas de migrantes, 12 comedores, y 5 módulos de asesoría legal vinculados con la Iglesia Católica (López, 2023). Ante la creciente afluencia de personas migrantes en el territorio nacional, y frente a la evidente insuficiencia del aparato estatal para atender sus necesidades, la existencia de este tipo de acciones contribuye a subsanar una situación de emergencia. En ese sentido, la participación social de las agrupaciones religiosas y espirituales resulta benéfica; empero, habría que tomar en consideración dos reflexiones adicionales.

En primer lugar, que el hecho de que estas u otras agrupaciones emprendan acciones para incidir en la situación de grupos socialmente desfavorecidos no significa que el Estado habría de dejar de atenderlos. De hecho, y en tanto que México es una república laica, la responsabilidad de propiciar condiciones favorables para el ejercicio de los derechos de todas las personas corresponde exclusivamente al Estado. Que la sociedad civil participe para solucionar problemáticas como la migración, el acceso a servicios de salud, el acompañamiento a víctimas de la violencia o la desigualdad de oportunidades en materia educativa de ninguna manera exime al Estado del cumplimiento de sus obligaciones. El correlato de esta narrativa son aquellos territorios y grupos poblacionales de los que el aparato estatal no se ocupa. Ahí donde el Estado no llega, las agrupaciones religiosas y espirituales, a la par de otros entramados sociales (entre los que destaca el crimen organizado), suelen proporcionar los espacios, los lazos, y la ayuda que las personas necesitan.

Esta última idea es precisamente la piedra angular del argumento según el cual no se debería permitir la participación social de las Iglesias al margen del Estado. En un país como México, ¿qué garantías existen de que dichas organizaciones proporcionarán ayuda desinteresadamente?, ¿cómo saber si esa ayuda está condicionada a la adopción de ciertas creencias o al respeto a códigos de conducta particulares?, y ¿qué valores morales subyacen en la realización de sus actividades? La dimensión social de las Iglesias no va a desaparecer; en el fondo, lo que está en juego es la plausibilidad de regular sus actividades y de encontrar caminos de colaboración en el marco de un Estado laico.

3. ¿Es posible la colaboración entre Estado y agrupaciones religiosas o espirituales sin vulnerar el principio de laicidad?

Si nos remitimos a la concepción decimonónica de la laicidad, la respuesta inmediata es "no". El régimen pensado por los liberales, que se instauró en la Constitución de 1857 y se reivindicó en la de 1917 a partir de una lectura mucho más radical, no admitía ningún tipo de contacto entre Estado e Iglesia(s) por una razón simple: al primero le corresponde el espacio público y las segundas habrían de restringirse al privado.

No obstante, partiendo de una perspectiva actualizada vale la pena reflexionar que las agrupaciones religiosas y espirituales, al igual que las instituciones académicas, empresariales, o de la sociedad civil, tienen una dimensión social que se expresa tanto en lo privado como en lo público. Ello se explica por el objetivo de propiciar el bienestar colectivo, presente en muchas de estas organizaciones, así como por el hecho de que estas no se encuentran aisladas de la realidad social. Quienes forman parte de estas agrupaciones son personas cuyas vidas no se restringen a lo privado; en ese sentido, los problemas que atañen a la sociedad en la que se desenvuelven les trastocan también (Vilchis, 2022).

Como el resto de la ciudadanía, las personas creyentes son conscientes de la corrupción, la violencia, y las múltiples expresiones de la desigualdad social. Y si se trata de problemas que preocupan a la comunidad política y a la sociedad en general, ¿por qué no apostar por una estrategia de colaboración? Parte de la incertidumbre tiene que ver con la heterogeneidad de las perspectivas en torno a los problemas y a la mejor manera de solucionarlos. Piénsese, por ejemplo, en el incremento de embarazos no deseados entre adolescentes. El Estado laico, autónomo respecto de creencias y normas dogmáticas, habría de asegurar una educación sexual integral (ESI)[16], así como el acceso a métodos anticonceptivos y a clínicas de salud. Pero estos puntos no son compatibles con la moral que deriva de algunas agrupaciones religiosas, en las que el ejercicio de la sexualidad se subordina al matrimonio y a la función procreativa. Así pues, parecería que no existe punto de encuentro entre ambos puntos de vista, y por tanto tampoco posibilidades de colaboración.

Aquí se propone que colaborar en la solución de problemas que trastocan a la sociedad en su conjunto sin violentar el principio de laicidad es posible, siempre y cuando se cumplan cuando menos las siguientes condiciones:

(a) Que el Estado no sea sustituido por las agrupaciones religiosas o espirituales, sino que ambos actores trabajen de manera conjunta en los espacios sociales a atender;

(b) Que la colaboración entre ambos sea una opción, y no una obligación;

(c) Que las estrategias de acción que resulten de dichas colaboraciones se ajusten a los principios constitucionales; es decir, a la laicidad, la libertad, la igualdad y la no discriminación, desde una perspectiva de Derechos Humanos; y

(d) Que existan límites claramente delimitados para cada actor: así como el Estado no puede incidir en los asuntos internos de las agrupaciones religiosas y espirituales, estas no deben intervenir en la

16. La ESI se refiere aun proceso de aprendizaje cuyo objetivo consiste en brindar información precisa y apropiada sobre la sexualidad y la salud sexual y reproductiva. De la misma forma, se pretende desarrollar habilidades, actitudes y valores que les permitan decidir responsablemente sobre el ejercicio de su sexualidad.

planeación de los programas gubernamentales, o de promover una moral particular en el espacio público.

Estas condiciones no son sencillas de atender; así como las fronteras entre lo público y lo privado pueden resultar porosas, también la línea divisoria entre los valores cívicos y los morales puede ser confusa, máxime si se trata de personas con un marco de interpretación integrista sobre el mundo social. Otra pregunta es cómo pueden hacer las y los representantes estatales para identificar a los actores religiosos y espirituales dispuestos a colaborar a partir de esas condiciones. Y en caso de que ello fuera posible, ¿acaso es válido dejar fuera a aquellos que no comparten el diagnóstico o las alternativas de solución a las problemáticas compartidas?

¿Es posible que las bases sociales de las agrupaciones religiosas o espirituales funjan como capital político?

Parte de las reservas en torno a la participación social de estas agrupaciones, y en especial de su atención a grupos vulnerables, deriva de la convicción de que eventualmente esta puede convertirse en participación política. Por las razones antes expuestas, en México está prohibido fundar partidos políticos de carácter religioso. De la misma forma, el uso de simbología, frases o referentes religiosos en el discurso político no está permitido. A pesar de ello, se sabe que el Partido Acción Nacional (PAN) se ha vinculado con la Iglesia Católica desde su origen (Hernández, 2011); que el fundador del Partido Encuentro Social, posteriormente Partido Encuentro Solidario (PES) fungió como pastor evangélico (Garma, 2019); y que la agrupación política nacional Humanismo Mexicano, aprobada por el Instituto Nacional Electoral (INE) en 2023, tiene una vinculación directa con la Iglesia de la Luz del Mundo (Galván, 2023).

Hasta ahora no existen pruebas contundentes de que exista un voto religioso en nuestro país: es cierto que los liderazgos de alguna organizaciones confesionales se pronuncian en favor de una serie de valores específicos tales como la defensa de la vida desde la concepción, de la figura matrimonial como la unión entre un hombre y una mujer, o la protección de la familia tradicional, invitando a la feligresía a dar su apoyo a las candidaturas con proyectos políticos afines a dichos valores. A pesar de ello, es imposible afirmar que la totalidad de quienes pertenecen a una comunidad de fe comparten una preferencia política. Un ejemplo claro es el del catolicismo, que continúa erigiéndose como la religión mayoritaria a nivel nacional a pesar de la creciente diversificación en ese sentido. Según el censo de 2020, el 77% de la población se identifica como católico (INEGI, 2020). Ninguna persona que haya accedido a su cargo por elección popular parece concentrar un porcentaje de preferencia tan elevado: de los últimos tres presidentes de la República, Felipe Calderón Hinojosa (PAN) obtuvo la victoria con el 35.88%; Enrique Peña Nieto (PRI) con el 38.21%, y Andrés Manuel López Obrador (MORENA) con el 53.19% (INE, 2023). Por otro lado, el PES perdió su registro ante la imposibilidad de reunir un mínimo del 3% de votos en una elección a nivel federal (INE, 2023), lo que parece mostrar que el vínculo con una afiliación religiosa es insuficiente para asegurar la intención de voto.

Esta condición puede explicarse si se piensa en las personas creyentes. Si bien las comunidades religiosas comparten un conjunto de creencias, prácticas y valores, lo cierto es que la feligresía no es homogénea y tampoco pasiva, y por tanto no puede equiparársele con los liderazgos de las Iglesias (Paz y Vilchis, 2022). Además, es bien sabido que al interior de las organizaciones religiosas existen también disensos. En ese orden de ideas, la socialización política de los sujetos es un proceso complejo que no puede explicarse exclusivamente a partir de sus creencias religiosas o espirituales.

No obstante, el hecho de que hasta ahora no haya prueba de que en México las preferencias políticas están asociadas con la adscripción religiosa no significa que dicha condición sea permanente. En tanto que la secularización y la laicización son procesos inacabados, heterogéneos y dinámicos, debe considerarse la posibilidad de que la pertenencia a uno u otro grupo confesional repercuta de alguna manera en las convicciones políticas. Esto es especialmente relevante si se consideran las bases de apoyo que han construido las agrupaciones religiosas y espirituales a lo largo del tiempo, y que podrían constituirse como capital de movilización política. En otras palabras, lo que aquí se estipula es que la posible influencia política de las Iglesias no deriva de las creencias y las prácticas asociadas con la religión, sino más bien de los lazos que se crean en un espacio social determinado.

En este texto no se pretende emitir un juicio de valor respecto de esa posibilidad; empero, cabe considerar la complejidad que añadiría al sistema político mexicano. Por otro lado, no hay duda de que dicha condición cambiaría por completo el régimen de laicidad que impera en México desde 1857, y cuya instauración ha costado dos cruentas guerras civiles.

4. ¿Hacia dónde va la laicidad en México?

En este texto se han recopilado algunas de las reflexiones que resultaron del diálogo en el que tuve el gusto de participar como parte del Seminario *Comunidades Religiosas, Laicidad y Democracia: Horizontes de Diálogo en la Construcción de Paz*. De ninguna manera se espera que estas sean concluyentes; por el contrario, se espera que este breve esbozo contribuya a generar nuevas interrogantes e interpretaciones sobre la evolución del régimen de laicidad en México.

Tomando como base esa previsión, aquí se propone que en su etapa inicial el Estado laico se pensó exclusivamente a partir de su separación respecto de la Iglesia Católica, procurando limitar la influencia de esta en el espacio público. Para ello se estableció un marco jurídico restrictivo para las organizaciones religiosas, bajo el supuesto de que estas no habrían de intervenir de ninguna forma en el espacio público. Sin embargo, el transcurrir del tiempo añadió complejidad a estos supuestos: las expresiones de lo religioso no se confinaron a la esfera privada; la relación del Estado con la antes Iglesia hegemónica pasó por periodos tanto de bonanza como de abierta confrontación; el escenario religioso y espiritual se diversificó; las identidades políticas, sociales, y de género se volvieron más complejas; y el principio de laicidad se piensa ahora más allá de la separación entre Estado e Iglesias. De hecho, en la actualidad este se vincula además con la libertad de conciencia, el reconocimiento de los Derechos Humanos, el pluralismo y en última instancia la democracia. Pero ¿exactamente qué significa eso?

Una de las demandas más recurrentes de las personas y grupos de creyentes integristas consiste en reivindicar la libertad de conciencia como eje de los Derechos Humanos. La libertad de actuar en congruencia con las creencias propias no está en entredicho; empero, esta suele entrar en conflicto con prácticas e identidades que escapan de los códigos morales religiosos. Un ejemplo claro es el de las familias diversas: desde la perspectiva de algunos grupos conservadores integristas, los núcleos cuya composición dista de la tradicional (padre, madre, hijos e hijas) no pueden considerarse como una familia, máxime si sus integrantes tienen una identidad no heterosexual y cisgénero. Apelando a la libertad de conciencia, estos grupos han protestado en contra de los libros de texto gratuitos distribuidos por la SEP en 2023, en virtud de que en estos se incluye una representación de la diversidad familiar, entre muchos otros contenidos ajenos a sus convicciones. Más allá de la politización del caso, lo que resulta interesante es realizar un ejercicio de ponderación de derechos. Por un lado, las y los responsables de familia tienen el derecho de actuar conforme a sus creencias, lo que incluye elegir el tipo de educación que desean para sus hijas e hijos. Por otro, todas las personas tienen el derecho a una educación laica, apegada a criterios científicos, libre de prejuicios, respetuosa de los Derechos Humanos y desde una perspectiva de género. Entonces, ¿qué derecho pesa más?

La disyuntiva no es fácil de resolver, especialmente si se considera que las convicciones morales que derivan de la religión no son un mero capricho; por el contrario, estas conllevan un marco de interpretación sobre aquello que se considera correcto, justo, o deseable para procurar el bienestar personal y social. Empero, dichas interpretaciones suelen ser incompatibles con el reconocimiento de derechos de quienes no comparten esos códigos morales. Este es el caso del uso de anticonceptivos, el aborto, la eutanasia, la identidad de género, el matrimonio igualitario, la diversidad familiar, y el uso de drogas recreativas, tan sólo por citar algunos.

Por supuesto, toda persona es libre de elegir las creencias que desee y de actuar de conformidad con ellas. No obstante, el Estado mexicano es laico, y por tanto está obligado a generar leyes, instituciones y políticas públicas autónomas respecto de dogmas religiosos o seculares. En ese sentido, es responsabilidad estatal reconocer los derechos de todas las personas y generar condiciones propicias para su ejercicio. Esto último resulta mucho más problemático, especialmente si se considera la irreductibilidad de las posiciones de quienes se encuentran en uno y otro extremo dos ejes: (a) integrismo – secularidad; y (b) conservadurismo – progresismo. Como hemos dicho antes, el Estado puede incidir en el proceso de laicización, pero no necesariamente en el de secularización. Entonces, ¿cómo procurar el diálogo entre grupos con identidades, valores, y marcos de interpretación social contrapuestos?

En el pasado se procuró solucionar esta dificultad mediante las restricciones a las agrupaciones religiosas y el reconocimiento a la supremacía estatal. Esto no significa que las Iglesias perdieran su importancia social, y tampoco su capacidad de negociación política con representantes del Estado. Empero, de 1929 a 1992 se asumió que estos tenían "la última palabra". Vale la pena advertir los profundos cambios en el sistema político mexicano durante ese periodo; aunque el régimen postrevolucionario se asumió *de jure* como democrático, la alternancia en el poder, la competencia entre partidos políticos, y la participación de la ciudadanía no ocurrieron *de facto* sino varias décadas después. En ese orden de ideas, el debate sobre los antiguos reclamos de las organizaciones religiosas ha resurgido: ¿es posible concebir una democracia en la que algunos grupos no tienen derecho de participar políticamente?, ¿es válido tener derechos políticos diferenciados entre la ciudadanía en general y aquella que ejerce el ministerio de culto?

No hay duda de que el régimen de laicidad mexicano debe adecuarse a las condiciones políticas, sociales y culturales actuales, que entrañan una complejidad mucho más profunda que aquellas que le vieron nacer. En los hechos, la manera de entender el principio de laicidad y las relaciones entre lo político y lo religioso se han modificado ostensiblemente en el transcurso de las últimas décadas. En el marco jurídico, en cambio, persisten algunas de las limitaciones que derivan del régimen previo: el tratamiento de la religión como un fenómeno individual y su comprensión a partir de una óptica centrada en lo católico son prueba de ello.

El reto, entonces, es cómo replantear las reglas del juego entre lo político y lo religioso. Este texto no pretende dar respuesta a esta difícil interrogante, sino ofrecer algunas pistas para su problematización. Aquí se sugiere que la reconfiguración del régimen de laicidad habría de ser:

(a) Sensible a la diversidad religiosa, identitaria, sexo genérica, y familiar, en tanto que nuestra sociedad es crecientemente compleja y heterogénea;

(b) Sensible a la dimensión religiosa como parte de la identidad, y por tanto indisociable del espacio público;

(c) Abierto a reconocer que existen problemas que atañen tanto al Estado como a la sociedad civil, que incluye por supuesto a las agrupaciones religiosas y espirituales;

(d) Cuidadoso de establecer las temáticas, los espacios, y las normas a partir de las cuales es posible la colaboración entre agrupaciones religiosas o espirituales y el Estado, en el entendido de que el último es laico y por tanto es responsable de reconocer los derechos de todas las personas;

(e) Propositivo para generar espacios de diálogo entre actores estatales y de la sociedad civil, incluyendo agrupaciones religiosas y espirituales, siempre y cuando los intercambios se den en un ambiente de horizontalidad, respeto y apertura; y

(f) Claro para identificar las acciones que vulneran el principio de laicidad, tanto por parte de actores religiosos como estatales;

(g) Contundente respecto de las sanciones a las que serán acreedoras las personas o grupos que incurran en dichas acciones. A diferencia del régimen actual, se propone que las autoridades, representantes, y funcionariado público sean sujetos de sanción, en tanto que es a quienes corresponde salvaguardar al Estado laico.

Como puede advertirse, el reto no es menor. La realidad política y social se transforma de manera vertiginosa, y los marcos jurídicos a partir de los cuales se espera impulsar el principio de laicidad no necesariamente se ajustan a ella. En ese sentido, resulta urgente repensar qué entendemos por dicho principio, y de qué manera se vincula con las identidades, las convicciones y las prácticas de una población desigualmente secularizada.

Referencias

Aspe, María Luisa (2008) *La formación social y política de los católicos mexicanos: la Acción Católica Mexicana y la Unión Nacional de Estudiantes Católicos, 1929-1958*, Ciudad de México: Universidad Iberoamericana.

Barranco, Bernardo (2018) *AMLO: Su nueva* simbología (En línea) https://www.milenio.com/opinion/bernardo-barranco/posteando/amlo-su-nueva-simbologia

Barranco, Bernardo (2019) *La 4T se desmarca de su pastor Farela* (En línea)

https://www.jornada.com.mx/2019/12/11/opinion/020a1pol

Barranco, Bernardo y Blancarte, Roberto (2019) *AMLO y la religión: el Estado laico bajo amenaza.* Ciudad de México: Grijalbo.

Baubérot, Jean (2010) "Secularización, laicidad y laicización", *Revista General de Derecho Canónico y Derecho Eclesiástico del Estado*, Núm. 23, pp. 12 – 34.

Berger, Peter (1969) *The Sacred Canopy: Elements of a Sociological Theory of Religion.* Nueva York: Doubleday.

Blancarte, Roberto (2008) *Libertad religiosa, Estado laico y no discriminación.* Ciudad de México: Consejo Nacional Para Prevenir la Discriminación, CONAPRED.

Blancarte, Roberto (2008b) *Para entender el Estado laico.* Ciudad de México: Nostra Ediciones.

Blancarte, Roberto (2009) "Laicidad: la construcción de un concepto de validez universal", *Laicidad y América Latina en Europa*, editado por Nestor Da Costa. Bilbao: Universidad de Deusto.

Blancarte, Roberto (2012) *Historia de la iglesia católica en México (1929-1982)*. Ciudad de México: Fondo de Cultura Económica.

Blancarte, Roberto (2014) *Las leyes de Reforma y el estado laico: Importancia histórica y validez contemporánea.* Ciudad de México: El Colegio de México.

Blancarte, Roberto (2015) "¿Por qué la religión "regresó" a la esfera pública en un mundo secularizado?", *Estudios sociológicos,* Vol. 33, Núm. 99, pp. 659-673.

Bokser, Judith (2008) "Religión y espacio público en los tiempos de la globalización", en Blancarte, Roberto (coordinador) *Los retos de la laicidad y la secularización en el mundo contemporáneo.* Ciudad de México: El Colegio de México.

Brading, David (2015) *La ueva España: Patria y religión.* Ciudad de México: Fondo de Cultura Económica.

Calhoun, Craig (2010) "Rethinking Secularism", *The Hedgehog Review*, Vol. 12, Núm. 3, pp. 35 -48.

Cámara de Diputados, H. Congreso de la Unión (2015) *Ley de Asociaciones Religiosas y de Culto Público* (En línea) https://www.diputados.gob.mx/LeyesBiblio/pdf/24_171215.pdf

Casanova, José (2006) "Rethinking Secularization: A Global Comparative Perspective", *The Hedgehog Review*, Vol. 8, Núm. 1, pp. 7 – 17.

Casillas, Rodolfo (1997) "Inventario de ausencias y temas sociorreligiosos", *Revista Mexicana de Sociología,* Vol. 59, Núm. 2, Pp. 191 – 204.

Corpus, Ariel (2019) "Los jóvenes y la religión: un acercamiento a partir de la Encuesta Nacional sobre Creencias y Prácticas Religiosas en México", *Antropología Americana,* Vol. 4, Núm. 7, pp. 119-140.

De la Torre, Renée (2001) "Los nuevos milenarismos de fin de milenio", *Revista Estudios del Hombre,* Núm. 11, pp. 57 – 78.

De la Torre, Renée, y Gutiérrez, Cristina (2008). "Tendencias a la pluralidad y la diversificación del paisaje religioso en el México contemporáneo", *Sociedade e Estado,* Vol. 23, pp. 381-424.

De la Torre, Renée (2009) "Los laicos en la historia de las relaciones iglesia-estado en México durante el Siglo XX", *Dossier Catolicismo y cultura política en América Latina contemporánea. Anuario del IEHS, Universidad del centro de la Provincia de Buenos Aires.* Núm. 24, pp. 414–447.

De la Torre, Renée; Gutiérrez, Cristina; y Hernández, Alberto (Coords.) *Colección Reconfiguración de identidades religiosas. Análisis de la Encuesta Nacional sobre Creencias y Prácticas Religiosas, Encreer 2016.* Ciudad de México: CIESAS / COLEF.

De la Torre, Renée; y Semán, Pablo (2021) *Religiones y espacios públicos en América Latina.* Buenos Aires: CLACSO.

Díaz, Armando (2014) "Educación Integral de la Sexualidad (EIS). Revisión de argumentos para las políticas públicas", *Anuario de Investigación UNIVA.* Guadalajara: UNIVA.

Díaz, Armando Javier (2010) «Los nuevos contenidos oficiales de educación sexual en México: la laicidad en la mira", *Diálogos sobre educación. Temas actuales en investigación educativa,* Vol. 11, Núm. 21, pp. 1 – 16.

Durkheim, Émile (2014) *Las formas elementales de la vida religiosa.* Ciudad de México: Editorial Alianza.

Esquivel, Juan (2008) "Laicidad, secularización y cultura política: las encrucijadas de las políticas públicas en Argentina", *Laicidad y libertades: Escritos jurídicos,* Vol. 8, Núm. 12, pp. 69 – 101.

Esquivel, Juan (2010) «De injerencias y autonomías: Los acuerdos entre el Estado y la Santa Sede en Argentina», *Laicidad y Libertades,* Vol. 1, Núm. 10, pp. 115 – 139.

Esquivel, Juan (2016) "¿Declinación, retorno o reconfiguración de lo religioso? Balances de la Sociología de la Religión en los últimos 25 años", *Espacio abierto: cuaderno venezolano de sociología,* Vol. 25, Núm. 3, pp. 65-78.

Galván, Jerónimo (2023) *Humanismo Mexicano: un "caballo de Troya" de La Luz del Mundo* (En línea) https://www.proceso.com.mx/reportajes/2023/5/6/humanismo-mexicano-un-caballo-de-troya-de-la-luz-del-mundo-306578.html

Garma, Carlos (1999) "La situación legal de las minorías religiosas en México: Balance actual, problemas y conflictos", en *Alteridades,* Vol. 9, Núm. 18, Pp. 135 – 144.

Garma, Carlos (2011) «Laicidad, Secularización y Pluralismo religioso, una herencia cuestionada", *Revista del Centro de Investigación,* Vol. 9, Núm.36, pp. 79-92.

Garma, Carlos (2019) «Religión y política en las elecciones del 2018. Evangélicos mexicanos y el Partido Encuentro Social", *Alteridades, Vol.* 29, Núm.57, pp. 35-46.

Gaytán, Felipe (2018) "La invención del espacio político en América Latina: laicidad y secularización en perspectiva", *Religiao e Sociedade*, Vol. 38, pp. 119 – 147.

Gutiérrez, Daniel (2005) "Multirreligiosidad en la Ciudad de México", *Economía, sociedad y territorio*, Núm. 19, pp. 617-658.

Hadden, Jeffrey y Shupe, Anson (1998) *Secularisation and Fundamentalism reconsidered. Religion and Political Order*. Minnesota: Paragon House.

Hernández, Tania (2011) "El Partido Acción Nacional y la democracia cristiana", *Perfiles latinoamericanos,* Vol. 19, Núm. 37, pp. 113-138.

Iglesia Adventista del Séptimo Día (2022) *ADRA firma inédito convenio en México para atención al migrante en Baja California* (En línea) https://adventistasbc.com/dra-firma-inedito-convenio-en-mexico-para-atencion-al-migrante-en-baja-california/

Instituto Nacional Electoral, INE (2023) *Partidos que perdieron el registro* (En línea) https://www.ine.mx/actores-politicos/partidos-politicos-nacionales/partidos-perdieron-registro/

Instituto Nacional Electoral, INE (2023) *Sistema de Consulta de la Estadística de las Elecciones* (En línea) https://www.ine.mx/voto-y-elecciones/resultados-electorales/

Instituto Nacional de Estadística y Geografía, INEGI (2020) *Censo de población y vivienda 2020* (En línea) https://www.inegi.org.mx/programas/ccpv/2020

Jiménez, Gabriela (2019) *Evangélicos "adoptan" a migrantes; apoyarán en albergues* (En línea) https://www.elsoldemexico.com.mx/mexico/sociedad/evangelicos-adoptan-a-migrantes-apoyaran-en-albergues-4019410.html

Larmore, Charles (1996) *The Morals of Modernity*. Cambridge: Cambridge University Press.

Lerma, Enriqueta (2021) "Retos del Estado laico ante los procesos político – religiosos y autonómicos en Chiapas", en Garma, Carlos, Ramírez, Rosario, y Corpus, Ariel *Política y Religión en la 4T. Debates sobre el Estado laico.* México: UAM.

López, Diego (2023) *Este mapa revela dónde están los albergues para migrantes de la Iglesia Católica en México* (En línea) https://www.aciprensa.com/noticias/100940/mapa-de-albergues-para-migrantes-de-la-iglesia-catolica-en-mexico

Luckmann, Thomas (1967) *The Invisible Religion; The Transformation of Symbols in Industrial Society.* Londres: MacMillan.

Martin, David (1979) *A General Theory of Secularization.* Nueva York: Harper Colophon Books.

Martínez, Ana Teresa (2011) "Secularización y laicidad: entre las palabras, los contextos y las políticas", *Sociedad y Religión*, Vol. 21, Núm., pp. 66 – 88.

Molina, Mariana (2012) "La Iglesia Católica en el espacio público: un proceso de continua adecuación", en *Política y Cultura,* Núm. 38, Pp. 49 – 65.

Molina, Mariana (2018) *Educación laica y educación católica. Entender el mundo desde ángulos diferentes.* Ciudad de México: Cátedra Extraordinaria Beniro Juárez, Instituto de Investigaciones Jurídicas, UNAM.

Molina, Mariana (2023) "Lo religioso desde abajo: problematizando la laicidad y la secularización en México", en Gutiérrez, Alejandro (coordinador) *Pesquisas sobre religión.* Villahermosa, Universidad Autónoma Benito Juárez de Tabasco.

Montes de Oca, Elvia (2008) "La disputa por la educación socialista en México durante el gobierno cardenista", *Educere*, Vol. 12, Núm. 42, pp. 495-504.

Núñez, Fernanda (2023) "Sobre Chantal Cramaussel, J. Gustavo González Flores (eds.), Nacidos ilegítimos. La Nueva España y México", en *Historia Mexicana*, Vol. 72, Núm. 4.

Ogaz, Carlos (2020) "Violencia comunitaria y desplazamiento en Chiapas. Un acercamiento con familias desplazadas", *Mirada Antropológica*, Vol. 15, Núm. 19, pp. 28-52.

Oficina del Alto Comisionado. Naciones Unidas, Derechos Humanos (2023) *Libertad de religión* (En línea) https://www.ohchr.org/es/topic/freedom-religion

Olivera, Alicia (2020) *La guerra cristera: Aspectos del conflicto religioso de 1926 a 1929*. Ciudad de México: Fondo de Cultura Económica.

Panotto, Nicolás (2013) "Religión, política y espacio público: Nuevas pistas teórico-metodológicas para el estudio contemporáneo de su relación", *Religión e Incidencia Pública,* Vol. 1, pp. 27–59.

Paz, Erick y Vilchis, David (2022) "Introducción", en Paz Erick y Vilchis, David (coordinadores) *Cuidad la viña del Señor. Sobre la dimensión social de las iglesias en el México contemporáneo.* Ciudad de México: Universidad Autónoma de la Ciudad de México.

Pérez, Sergio (2012) "Educación laica en el sistema educativo mexicano: entre la omisión, la ambigüedad y el conflicto", en *Páginas de Educación,* Vol.5, Núm.1, Pp.79-95.

Rakita, Milan (2017) "Modernization Discourse and its Discontents", *Studia Ethnolotica Croatica,* Vol. 29, pp. 103 -148.

Reyes, Alfonso (2018) *Cartilla Moral* (En línea) /https://lopezobrador.org.mx/wp-content/uploads/2019/01/CartillaMoral.pdf

Redacción El Economista (2020) *AMLO lanza su Guía Ética de 20 puntos para la transformación de México* (En línea) https://www.eleconomista.com.mx/politica/AMLO-lanza-su-Guia-Etica-de-20-puntos-para-la-Transformacion-de-Mexico-20201126-0050.html

Redacción El Universal (2019) *Inician evangélicos entrega de Cartilla Moral de AMLO* (En línea) https://www.eluniversal.com.mx/nacion/politica/inician-evangelicos-entrega-de-cartilla-moral-de-amlo/

Saldaña, Javier (1999) "Derecho y principio de libertad religiosa. Un breve análisis de la actitud promotora del Estado ante el hecho religioso", *Boletín Mexicano de Derecho Comparado,* Año XXXII, Núm. 95, pp. 587 – 603.

Scuro, Juan (2018) "Religión, política, espacio público y laicidad en el Uruguay progresista" *Horizontes Antropológicos*, vol. 24, pp. 41-73.

Shilliam, Robbie (2010) "Modernity and Modernization", *Oxford Research Encyclopedia of International Studies* (En línea) https://

oxfordre.com/internationalstudies/display/10.1093/acrefore/9780190846626.001.0001/acrefore-9780190846626-e-56

Soberanes, José Luis (2015) "La reforma al artículo 40 constitucional de 2012", en Carbonell, Miguel; Fix, Héctor y Valadés, Diego (Coordinadores), *Estado constitucional, derechos humanos, justicia y vida universitaria. Estudios en homenaje a Jorge Carpizo.* Estado Constitucional, Tomo IV, Volumen 2. Ciudad de México: Instituto de Investigaciones Jurídicas, UNAM.

Suprema Corte de Justicia de la Nación (2023) *Constitución Política de los Estados Unidos Mexicanos que reforma la de 5 de febrero de 1857* (En línea) https://www.scjn.gob.mx/sites/default/files/cpeum/documento/2020-05/CPEUM-130.pdf

Vásquez, María Eugenia (2009) "Las obediencias masónicas del rito de York como centros de acción política. México, 1825 – 1830", *Liminar,* Vol. 7, Núm. 2, pp. 41 – 55.

Vázquez, Josefina (2004) "De la independencia a la consolidación republicana", en Jaramillo y Gómez (compiladores) *Nueva Historia Mínima Ilustrada de México.* Ciudad de México, El Colegio de México.

Vilchis, David (2020) "Participaré… si Dios quiere. Influencia de las creencias religiosas sobre la participación política de los católicos en el México del siglo XXI", *Política y Cultura,* Núm. 54, pp. 11 – 36.

Vilchis, David (2022) "El feligrés y el ciudadano: asociacionismo religioso y participación política del católico mexicano", en Paz, Erick y Vilchis, David (coordinadores) *Cuidad la viña del Señor. Sobre la dimensión social de las iglesias en el México contemporáneo.* Ciudad de México: Universidad Autónoma de la Ciudad de México.

Yturbe, Corina (2010) "Las leyes de reforma: ¿Laicidad sin secularización?", *Isonomía,* Núm. 33, pp. 65 – 81.

¿Hacia dónde va el proceso de laicidad en México?

Jesús López Lobato
Foro Intereclesiástico Mexicano

1. Las entidades religiosas ante el sistema jurídico político mexicano

Todo proceso implica un conjunto de etapas, vinculadas con un fenómeno o hecho complejo. Tal es el caso de la laicidad en México, acontecimiento que se instaura y desarrolla en su territorio durante el siglo XIX. En ese lapso, a través de diversas fases se va instrumentando. El nuevo Estado, valiéndose de las protecciones que las leyes creadas para su operatividad le proveen, logra sobrevivir a los embates del clericalismo romano. Obteniendo con lo anterior, victorias ante la jerarquía católica. En este contexto, las disputas entre el poder civil y el alto clero católico durante el siglo XX y las conquistas constitucionales del siglo XXI; visibilizan el mosaico religioso en nuestro país y a sus principales actores, las entidades religiosas.

Hoy, las entidades religiosas, se presentan ante el sistema jurídico político mexicano o éste las identifica en su territorio, como iglesias. Y es así, como comúnmente son conocidas también por la población que habita el territorio nacional. Las iglesias, lo mismo tienen presencia en las megalópolis de la república mexicana que, en los lugares más apartados de esas concentraciones urbanas. Su impacto se hace notar en las altas montañas donde existen comunidades humanas, como también en zonas desérticas donde hay asentamientos poblacionales; son una realidad que está allí, actuante, y su actividad es notoria, siempre aportando temática sobre la cual hablar, discutir, polemizar o investigar.

Las iglesias son entidades místicas, pero también realidades concretas y tienen, desde su propia concepción, una misión en el mundo, siendo esta, a grandes rasgos, resolver la relación que el individuo, es decir, la persona humana concreta e irreductible, tiene con o ante la divinidad. En ese espacio, cuando la persona decide no guardar más para sí sino externar esa relación íntima optando, por adherirse a alguna oferta de salvación que aquellas entidades místicas le ofrecen, y con su decisión y adhesión se sujeta a las reglas de una iglesia en concreto, ratificando su voluntad y querer de perseverancia en ella; esa relación se dejar ver, es decir, se hace manifiesta en un plano distinto al de su conciencia, trasciende a lo social.

Así pues, las iglesias, como entidades místicas que son, tienen la función de canalizar esa relación que la persona humana concreta e irreductible, tiene con Dios o la deidad. Para cumplir con esta misión, esas entidades místicas requieren de una estructura jerárquica, que se constituye en la cara más visible de su organización para atender ese vínculo personalísimo que el individuo tiene con la divinidad. Además de la estructura jerárquica, esas entidades requieren de una infraestructura para desplegar ese cuidado ante su feligresía, dicho de otra manera, necesitan lugares, instalaciones, espacios idóneos para ocuparse de esa misión que, definitivamente, se concreta en un territorio específico, citemos por caso México.

Estructura, infraestructura y un territorio específico en el cual cumplan su misión, son elementos concretos que identificamos en las iglesias. Estos elementos tienen su razón de ser en función del servicio que proporcionan a los elementos más místicos, menos terrenales, más espirituales de las iglesias, quedando aquellos, como la parte más material de esas entidades religiosas que tienen presencia en las colectividades y que operan en la conciencia de los integrantes de esas sociedades y esa acción íntima, muchas veces trasciende al plano social. Estos elementos, son la parte terrenal y tangible de esos entes espirituales y por tanto la dimensión que es más proclive a toparse o encontrarse con otras entidades mundanas.

Es necesario establecer que, las iglesias son realidades complejas, entidades que se constituyen, en objeto de exploración para los estudiosos, como un fenómeno de estudio más, entre otros fenómenos sociales. Y desde el aquí y el ahora, sus estudiosos, escudriñan el pasado, como es el caso del antropólogo o del historiador. O enfocan su investigación en el más acá, como lo hace el sociólogo o el jurista, quienes, sin desdeñar el pasado, centran su atención en el presente. Sin embargo, la pretensión de cada uno de ellos en su indagación de lo religioso, solo les alcanza para ir al más atrás o al más acá, sin embargo, es honesto reconocer que no les alcanza el tiempo para sondear el futuro y menos el más allá.

Contrariamente, esas entidades místicas que encarnan realidades complejas, no tienen problema al establecer sus cimientos en el pasado, fijarlos en lo infinito, como también, no tienen complicación en plantarse en el ahora, ofreciendo al individuo redención a su vida presente y prometiéndole una estancia en el más allá, allí donde el tiempo humano no es; en la eternidad. Aquí radica la complejidad que presentan las iglesias para quienes investigamos el fenómeno religioso. Las dificultades científicas se presentan para la experticia de quienes pretendemos abarcar un objeto de conocimiento que está más allá de los límites de nuestra formación y metodología científica y nos lleva a indagar tan solo una porción.

Para algunos que intentan estudiar ese fenómeno complejo que es el religioso y, por cierto, no lo trabajan desde su campo de especialización, que es oportuno decirlo, las herramientas de éste les permitirían hacerlo, sino que lo abordan desde su creencia o cultura religiosa; esa complejidad la utilizan para infravalorar a otros segmentos de ese fenómeno, esencialmente, aquellos que no compaginan con su formación o creencia religiosa. Ese desdén, algunas veces, va asociado al desconocimiento o maledicencia de su objeto de estudio. Su exploración, la contaminan con los prejuicios que alimenta su encono o animadversión hacia lo otro, lo diferente; denostándolo, terminan sesgando con esta actitud sus conclusiones.

Sin embargo, existen estudiosos del fenómeno religioso comprometidos con la verdad científica y quienes, desde su parcela de conocimiento, piénsese en un sociólogo, jurista, antropólogo o politólogo, profundizan en ese fenómeno que por su naturaleza compleja se presenta como una realidad gelatinosa, resbaladiza, que, no obstante, les genera complicaciones en su abordaje; se constituye en reto científico para sus proyectos de investigación, sean estos su primera aproximación o estudios que, en profundidad, llevan a cabo sobre ese objeto de conocimiento. Son expertos que mantienen su exploración en las coordenadas que su disciplina científica les proporciona y su ética profesional les impone.

En este contexto, nuestra pretensión radica en compartir, en clave de laicidad, algunos comentarios en torno a esas realidades complejas como lo son las iglesias en México, sin pretender hurgar la dimensión doctrinal de ninguna de ellas, tampoco hacer alusión a las actividades vinculadas con su respectivo culto, antes bien, poner a la consideración de quien esto lee, algunos puntos que, desde el derecho y la ciencia política hemos explorado y reflexionado en torno a ellos y hoy, los ubicamos en las capas más terrenas de esas entidades místicas, es decir, de aquellas que conforman su hábitat social, al cual, el sistema jurídico político mexicano le ha creado una figura, un atuendo: la Asociación Religiosa.

Por lo que se refiere a ese traje diseñado por el sistema jurídico político mexicano a las iglesias, para que éstas, si quieren ponérselo se lo pongan, nos referimos a la asociación religiosa, ésta, tiene su razón de ser en función del servicio que presta a las iglesias en su estar en el mundo. En tanto que la iglesia puede transitar en las sociedades actuales sin solicitar el registro constitutivo de una o varias asociaciones religiosas para realizar su misión en la tierra; la asociación religiosa no tiene razón de existir si no existe en función de una iglesia que reclame su constitución, pongamos por caso, la iglesia que solicita el registro constitutivo de una o más asociaciones religiosas ante el sistema jurídico político mexicano.

2. La recepción del sistema jurídico mexicano a las entidades religiosas

Hay estudiosos del fenómeno religioso que, por falta de información o desconocimiento, confunden una iglesia con una asociación religiosa. Hay también asesores, consejeros, que dicen conocer el fenómeno religioso, ya vinculados con el Estado o vinculados a una iglesia en particular quienes, cultivan esa confusión, llegando a sostener que iglesia y asociación religiosa es lo mismo y tal aseveración la han anclado, ya en las fuentes bibliográficas a las que han acudido o a las conclusiones que su exigua reflexión individual les ha llevado. Esa visión errática ha generado inconvenientes o al Estado o a la iglesia particular que les ha brindado su confianza para atender los asuntos vinculados con su respectivo objeto.

Alguien podría argumentar, en defensa de aquellos estudiosos, asesores, consejeros o expertos, según sea el caso, quienes socializan esa idea errática ya desde el Estado o ya desde una iglesia en particular que, el contexto en el que han cultivado sus reflexiones en torno a la figura de la asociación religiosa ha sido a partir del nacimiento de esa ficción jurídica en el sistema jurídico mexicano a principios de la década de los noventa del siglo pasado y por lo tanto es muy poco tiempo para contar con estudios suficientes con los cuales poder establecer con nitidez esa distinción. Sin embargo, ese alegato deviene en falacia, porque desde los debates en torno a la reforma constitucional del 92, esa discusión quedó zanjada.

Las últimas tres décadas han dado razón y cuenta de la atención que el Estado mexicano y su sistema jurídico ha tenido en torno a esas entidades místicas, conocidas coloquialmente como iglesias y el ropaje que aquel les ha diseñado para que, quien quiera portarlo, iglesias o agrupaciones religiosas, lo porte. Es una ficción jurídica pensada para las entidades religiosas que tienen presencia y arraigo en el territorio mexicano y conforman su mosaico religioso

> [...] hablar de relaciones Gobierno-Iglesia, remite a entender, en términos dogmáticos limitados, Iglesia católica y apostólica, y en términos dogmáticos extensivos, iglesias derivadas de la cristiandad. Por otra parte, en términos sociológicos, el concepto de Iglesia sólo puede comprender aquellas instituciones religiosas que tienen una ética sistematizada de creencias, sostenida con instrumentos de coacción psíquico-espiritual y un cuerpo profesionalizado de sacerdotes que constituyen la autoridad hierocrática; de aquí que el empleo sociológico del concepto es limitativo para el conjunto de cultos religiosos, por lo que una expresión que conjugue a todas aquellas expresiones de culto público es la de asociaciones religiosas. (Delgado Arroyo, 1997: 14-15).

En México, el hecho religioso, desde los procesos de conquista, hasta la primera mitad del siglo XIX giró en torno a una religión oficial: la católica, apostólica, romana. La nación mexicana se obligó a protegerla, otorgándole privilegios, prohibiendo el ejercicio de cualquier otra, no obstante que existían en el mismo territorio otras confesiones. Sin embargo, esto empieza por cambiar con la promulgación de la Ley Sobre la Libertad de Cultos, el 4 de diciembre de 1860; esta legislación permitió a cada persona elegir y practicar, con libertad, el culto que deseara. La Constitución de 1917 reafirma el liberalismo decimonónico. Las reformas de 1992 visibilizan la presencia y arraigo de las iglesias; su pluralidad y diversidad.

En principio, con las reformas constitucionales del 92, el gobierno mexicano pretendió establecer relaciones diplomáticas con el Estado Vaticano y privilegiar con esta relación, a su principal activo avecindado en México: la iglesia católica apostólica, romana. Sin embargo, la pluralidad y diversidad religiosa en el territorio nacional era inevitable, estaba allí y el Estado debía reconocerla. El legislador del 92 aceptó que la relación Estado iglesia no bastaba, como tampoco bastaba la concepción sociológica del término iglesia para agrupar a todas esas entidades espirituales que llegaron a engrosar las filas para también entablar relación con el Estado, decantándose finalmente, por el concepto de asociación religiosa.

Dicho de otra manera, la asociación religiosa es una ficción jurídica creada por el reformador constitucional del 92 como lo expone González Schmal citado por Narciso Sánchez

> La *asociación religiosa* es una nueva figura jurídica creada por dichas reformas. Es una estructura específica del género de las sociedades, que deben adoptar aquellas confesiones religiosas que pretendan adquirir personalidad jurídica. Ésta la obtiene, en su caso, por un acto unilateral del Estado, actuando a través del órgano competente. (Sánchez Gómez, 2007: 46).

El Estado propone la asociación religiosa para que, una iglesia, si quiere y según convenga a su misión en México, solicite de él el registro de una o más asociaciones. A través de esa figura, el Estado otorga personalidad jurídica no a la iglesia como entidad mística, ya que ésta puede realizar su misión en el territorio nacional sin necesidad de adquirir personalidad jurídica, la ley no la obliga a ceñirse ese ropaje diseñado por el Estado y sí obliga a éste a respetar esa determinación unilateral, por consiguiente, la personalidad jurídica se otorga a esa otra entidad que nace de la necesidad de proporcionarle certeza y seguridad jurídica a la actuación de aquella entidad mística, en el territorio nacional y ante los agentes de su Estado.

Aquí, es oportuno comprender que, no se otorga personalidad jurídica a la entidad religiosa, sino a la asociación que se constituye por la voluntad y suma de individuos pertenecientes a esa entidad mística; con el fin de atender los asuntos tangibles y que forman parte del hábitat social de esa iglesia y proteger los elementos intangibles de ésta, por lo que, como ya se expuso anteriormente, la asociación religiosa tiene su razón de ser en la medida que una iglesia la constituye y solicita su registro constitutivo, por medio de los órganos que la representan y tiene como principal función atender la relación con el poder Estatal en el marco del Estado de Derecho, dejando a salvo la misión principal de la iglesia.

Una iglesia, es una entidad mística compuesta primordialmente por elementos intangibles, piénsese por ejemplo en la doctrina que predica, los principios y virtudes que propone, por mencionar solo algunos elementos que agrupan a otros. Pero como entidad compleja que es, además de los elementos intangibles, esa realidad que deviene concreta, también tiene elementos tangibles, entre ellos, su estructura jerárquica, su infraestructura y su normativa. Ambos grupos de elementos, intangibles y tangibles, no se contraponen, se complementan y le permiten a esa entidad religiosa cumplir su misión en un territorio específico, en el marco constitucional que el Estado o República prescriba.

En tanto que, una asociación religiosa es una figura jurídica, en mi opinión, del tipo procedimental, porque especifica procedimientos para resolver asuntos y dificultades que tiene una iglesia en su cotidiano accionar y en la relación que sostiene con el Estado y sus agentes en una zona, donde lleva a cabo su misión. Aquella tiene su razón de ser en el servicio que le ofrece a una entidad religiosa, para que ésta cuente con un grupo de expertos que, una vez solicitado el registro constitutivo ante el Estado, sus órganos de representación se ocupen de los asuntos vinculados con sus capas más tangibles, protegiendo sus elementos intangibles; dejando a salvo la misión principal de la iglesia en su estructura eclesiástica.

Conviene subrayar que, sistema de autoridad y órganos de dirección, administración y representación son conceptos jurídicos distintos. En tanto que sistema de autoridad se reserva para el tipo de potestad y mando al interior de una iglesia, estableciendo concomitantemente su funcionamiento y regulándolo su derecho eclesiástico interno, comprometiéndose el Estado, en línea con los principios de autodeterminación y autonomía de la iglesia a respetar esa potestad. Los órganos de dirección, administración y representación se reservan para la asociación religiosa, son conceptos jurídicos vinculados con el derecho eclesiástico del Estado, creados para que esa organización los utilice en el cumplimiento de su objeto.

Finalmente, quienes integran el sistema de autoridad eclesiástico de una iglesia, pueden ser o no ser quienes ostenten también la titularidad de los órganos de la asociación religiosa constituida por aquella y celebren todo tipo de actos jurídicos. El Estado mexicano no obliga a la iglesia que solicita el registro de una asociación religiosa ante él, a que aquella ponga y exponga en sus órganos de dirección, administración y representación a las mismas personas que forman parte de su sistema de autoridad eclesiástico, respetando con esto, los principios de autodeterminación y autonomía de las iglesias. Con quien decida la iglesia, a través de su asociación religiosa, entablar relación con el Estado; es con quien el Estado la sostendrá.

Adicionalmente, y como lo llevan a cabo algunas iglesias en México, mismas que tienen asociaciones religiosas debidamente acreditadas por el Estado, dejan la atención y celebración *lato sensu* de todo tipo de actos jurídicos para el cumplimiento de su objeto; en los titulares de los órganos de representación de esas personas morales y a través de esos titulares obran y se obligan ante terceros, esto, en sujeción a lo dispuesto por sus estatutos, sus escrituras constitutivas, el marco constitucional y legal aplicables. Lo anterior, permite a su sistema de autoridad eclesiástico llevar a cabo la misión de la iglesia en el mundo, sin más limitación que la sujeción al marco constitucional y las leyes que dé el emanen.

3. La relación Estado-Iglesias en México

El origen de la relación que actualmente sostiene el Estado con las Iglesias en México, es producto de su huella histórico-constitucional. Hoy, la encontramos en su Carta Magna. Esa relación está fundada en un principio constitucional irreversible "El principio histórico de la separación del Estado y las iglesias" (CPEUM, 2023: 176) Este principio sujeta, con la historia, toda la actuación que el Estado realice ante el fenómeno religioso, es decir, hoy, cuando el Estado deba tomar una decisión que impacte al ámbito religioso, sus agentes tienen la obligación constitucional, de pasarla por el filtro de la historia, con el fin de no repetir atrocidades que; mediante los procesos de democratización el Estado ha desmantelado.

Hoy, la eficacia de las lecciones de la historia traducida en pautas exigibles para todos los agentes del Estado, en el cumplimiento de su responsabilidad pública, tiene, entre otras ventajas y con el fin de no seguir reproduciendo esos excesos en el presente; visibilizar la discriminación, intolerancia, excesos y privilegios vividos o sufridos por los gobernados en el pasado, según eran ubicados ya en el bando de los privilegiados o en el grupo de los marginados por razón de su fe. Los procesos de democratización, laicización y secularización, procuraron desmantelarlos, dejando evidencia a la disposición de los agentes del Estado, para que ellos, ahora, en el marco de su encargo público, la conozcan y utilicen.

Este principio, además de normar y orientar la actuación de todos los agentes del Estado en su relación con todos los actores que conforman el mosaico religioso en México, estipula y recuerda que; el Estado no debe enredar política y religión, ya lo hizo en el pasado y esa mezcolanza perjudicó a sus gobernados; la historia aporta evidencias suficientes que ningún agente del Estado debe desestimar. En principio de reciprocidad, la misma regla para las Iglesias en este rubro, estas no deben enroscar religión y política, algunas ya lo hicieron en el pasado, en México, la iglesia católica, otras lo pretenden hacer en el presente, lo cierto es que, darle al César lo que es de Dios es perder el sentido de su misión en el mundo.

Así pues, la tentación del poder, para algunos agentes del Estado como para algunos actores religiosos, respecto, a los beneficios que pueden alcanzar el uno del otro, es latente, dicho en otras palabras, hay servidores públicos, políticos de ocasión o de carrera que ven en los fieles de las iglesias auténticas presas políticas a las que hay que atrapar para sí, hay también, actores religiosos que ven, principalmente en los presupuestos del Estado la solución a sus proyectos personales, no religiosos, y se lanzan a seducir a crédulos agentes del Estado, poniendo a su alcance, la feligresía que dicen pastorear; trastocando con esto, los representantes del César, lo que es del César y los representantes de Dios, lo que es de Dios.

Por lo que, en la actualidad, el Estado mexicano y después de algunos ensayos y errores derivados de la relación que en el pasado tuvo con el fenómeno religioso, se ha decantado por una relación de separación con las Iglesias; comprendiendo que este tipo de relación es fundamental, tanto para la atención que las iglesias reciben del Estado como la aportación que el Estado obtiene del cumplimiento de la misión de las iglesias en su territorio. Ya que los esfuerzos de ambas entidades, cada cual desde su ámbito de acción y competencia; están dirigidos a las mismas personas en el mismo territorio. La separación no debe entenderse ni como confrontación ni como indolencia, sino como respeto institucional, de ahí que

> La separación, entendida como supremacía del Estado, en su carácter de expresión jurídico-política de la soberanía popular y de organización, también jurídico-política de la nación, explica el predominio del derecho eclesiástico, [...]. No obstante, y esa es la contrapartida, el Estado no tiene injerencia alguna en la vida interna de las corporaciones, [...]. (González Fernández, 1993: 38)

En concordancia con lo expuesto, el artículo 130 constitucional traza las directrices para desarrollar esa relación del Estado con las Iglesias, estableciendo que "[...] Las iglesias y las agrupaciones religiosas tendrán personalidad jurídica como asociaciones religiosas una vez que obtengan su correspondiente registro. La ley regulará dichas asociaciones y determinará las condiciones y requisitos para el registro constitutivo de las mismas; [...]" (CPEUM, 2023: 176) Consiguientemente, la asociación religiosa, es la figura instrumental, que el Estado ha creado para que las entidades religiosas la porten, si así consideran hacerlo, y una vez puesto ese ropaje; se desarrolle entre el Estado y las iglesias esa relación eminentemente jurídica.

Bajo esta tesitura, esa relación del Estado con las iglesias, fundada en la Constitución Política de los Estados Unidos Mexicanos requiere de una ley, reglamento y demás legislación que, vuelvan comprensible el funcionamiento de esa figura instrumental al servicio de las entidades religiosas y el Estado. En México, localizamos esas reglas en la Ley de Asociaciones

Religiosas y Culto Público y su Reglamento, complementando este acervo normativo otras disposiciones jurídicas, según sea el tipo de asuntos legales que las entidades religiosas, por medio de sus asociaciones religiosas y estas a través de sus órganos de representación, necesiten atender, pudiendo ser: fiscales, laborales, civiles y suma y sigue.

Es la Ley de Asociaciones Religiosas y Culto Público vigente, la que en su porción normativa número diez estipula lo que líneas atrás comentamos, respecto a la posibilidad de que una iglesia no constituya una asociación religiosa y no reclame al Estado su registro constitutivo y no obstante el Estado respete esa determinación, viendo en esa decisión, el ejercicio de una facultad inherente a las potestades de autodeterminación y autonomía que le son propias a la entidad religiosa; sin embargo, el Estado, con la porción normativa número diez deja trazado el derrotero a seguir, dejando a salvo la posibilidad de la iglesia, para que esta, en el marco constitucional utilice la legislación civil a su favor

> Los actos que en las materias reguladas por esta ley lleven a cabo de manera habitual persona, o iglesias y agrupaciones religiosas sin contar con el registro constitutivo a que se refiere el artículo 6º, serán atribuidas a las personas físicas, o morales en su caso, las que estarán sujetas a las obligaciones establecidas en este ordenamiento. Tales iglesias y agrupaciones no tendrán los derechos a que se refieren las fracciones IV, V, VI y VII del artículo 9º de esta ley y las demás disposiciones aplicables. (LARYCP, 2011: 11)

Las iglesias que deciden llevar a cabo su misión en el territorio nacional, teniendo arraigo probado, por el tiempo que llevan operando ante la población avecindada en nuestro país, sin constituir una asociación religiosa y por lo mismo no solicitarle al Estado su registro constitutivo; gozan de los derechos reconocidos a las asociaciones religiosas, estipulados en el artículo 9º fracciones I, II y III que en lo conducente estipulan

Las asociaciones religiosas tendrán derecho en los términos de esta ley y su reglamento, a:

I. Identificarse mediante una denominación exclusiva;

II. Organizarse libremente en sus estructuras internas y adoptar los estatutos o normas que rijan su sistema de autoridad y funcionamiento, incluyendo la formación de sus ministros;

III. Realizar actos de culto público religioso, así como propagar su doctrina, siempre que no se contravengan las normas y previsiones de éste y demás ordenamientos aplicables. [...]. (LARYCP, 2011: 10 y 11).

Lo anterior, en línea con lo estipulado en el artículo 1º constitucional que establece el principio de derechos humanos y ampara, con esta pauta obligatoria para todas las autoridades del Estado, a toda la población avecindada en su territorio, en todas las actividades lícitas que las personas realicen individual o colectivamente; realizar actividades vinculadas con los derechos y libertades que son inherentes a la relación que, en su caso, sostienen con Dios y que reconocen por medio de la autoridad que en la tierra le representa, incluyendo la facultad para reunirse y asociarse con otras personas con el fin de rendir culto a la divinidad, hacer proselitismo, efectuar cultos públicos ordinarios y extraordinarios.

Por otra parte, los beneficios que aporta el nuevo marco que sujeta esa relación y que es necesario recordarlo, es complejo, como lo son las entidades objeto de su regulación, don José Francisco Ruíz Massieu, integrante de la primera generación de estudiosos de la reforma constitucional del 92, sintetiza ese estatuto, que ahora mismo sistematiza esa relación, en los grandes rubros que lo hicieron posible: “Los derechos religiosos. Los principios rectores. La personalidad jurídica y el patrimonio eclesiástico. La figura jurídica de la asociación religiosa. Las Iglesias y la política. El culto público. Las infracciones y sanciones." (González Fernández, 1993: 33-35)

Por supuesto que la relación del Estado mexicano con las Iglesias, producto de la reforma constitucional del año 1992 y su aplicación estos últimos 31 años, ha dado frutos positivos, tanto para el Estado, como también para las Iglesias. Si bien, contemplándola a la luz de otras relaciones establecidas por otros Estados o Repúblicas para atender el fenómeno religioso en su territorio respectivo, puede verse novel, lo cierto es que, al Estado mexicano le ha funcionado, claro, existen aún tareas que atender, pero las bases se encuentran allí y es conveniente, en torno a ellas, seguir desarrollando y evaluando esa relación que se impone ante el hecho religioso en México, realidad que día a día se dejar ver más plural y diversa.

4. La laicidad como columna vertebral en la relación Estado-Iglesias en México

En el tiempo ya transcurrido del siglo XXI, los avances constitucionales, respaldan la eficacia de la relación del Estado mexicano con las Iglesias. Y si desde el primer párrafo de este capítulo, dijimos que, las reflexiones en torno al contenido compartido en él, son en clave de laicidad; ahora, corresponde poner a la consideración de nuestros leyentes, algunas razones que sostienen lo anterior, centrándolas principalmente en las tres conquistas constitucionales irreversibles y que afianzan su instrumentación y aplicación, estas son: la reforma constitucional en derechos humanos; la constitucionalización del carácter laico de nuestra República y el reconocimiento constitucional de la libertad de religión y de conciencia.

En torno a esos avances, hoy, podemos sostener que la laicidad en México es ineludible, necesaria y obligatoria. Ineludible, porque ahora no puede ser pasada por alto o dejada a un lado, ya que para el Estado y sus agentes se ha constituido en principio, en pauta que cumplir y hacer cumplir, en tanto que, para la población avecindada en su territorio, se desvela como facultad que puede hacer valer ante todos. Necesaria, porque sostiene y mantiene en pie al Estado y les permite a sus agentes, moverse con los medios que su carácter laico les suministra. Obligatoria, porque desde su puesta en la constitución, su aplicación ya no es opcional ni discrecional; por mandato constitucional, es debida y reglada.

En este contexto, la laicidad, concebida como principio jurídico, incluye a todos los integrantes del pueblo, sin vetarlos o privilegiarlos en su pretensión de formar parte activa o no en la comunidad política. Peña Ruiz, reflexionando sobre la laicidad, acerca de su nombre y específicamente, en torno a la laicidad como principio, aporta: la "[...] laicidad, principio de derecho que vincula el poder público al conjunto del pueblo. Vinculación liberadora que prohíbe simultáneamente cualquier extensión ilegitima de la ley general y cualquier puesta en tutela de unos hombres por otros." (Peña-Ruiz, 2001: 164-165) en México, este principio jurídico, ha cobrado valor y categoría de principio constitucional.

Ahora bien, esa sujeción del poder público al pueblo, considerado el pueblo como entidad política y origen de la soberanía en la que descansan las bases estatales; le prohíbe al poder político dos cosas paralelamente. Primero, le prohíbe realizar cualquier reforma a su Constitución que tenga como propósito adicionar elementos intolerantes; piénsese en un sistema de privilegios para un segmento de la comunidad política, al amparo de sus facultades legislativas. Segundo, le prohíbe cualquier puesta en custodia de unos hombres sobre otros, por ejemplo, dejar la toma de decisiones de la comunidad política en un poder clerical o dictatorial, ratificando un sistema de privilegios para unos y lastres legales para el resto.

Vista así, la laicidad, nuestra laicidad, como principio jurídico indiscutible, para asentar en él las decisiones fundamentales de la comunidad política, ha cobrado en México, retomando el discurso argumentativo de Peña-Ruiz, valor y categoría de principio constitucional. Puesto que es un principio fundante en la concepción de esa comunidad política, además de encontrarse en el origen de su soberanía constitucional, legitima la acción gubernamental y ordena el derecho político, es decir, el derecho que define qué es el Estado, como se organiza, cuál es su finalidad y funciones, lo relativo a su soberanía, entre otros elementos, aportando las bases para el derecho constitucional

> La soberanía del pueblo, única fuente de legitimidad gubernamental, se articula en dos vertientes distintas: soberanía constitucional y soberanía política. El principio de laicidad que destaca en la primera vertiente, se ordena en el *derecho político* y no en la propia *política*, ya que define el campo de ejercicio legítimo de éste [...]. (Peña-Ruiz, 2001: 170-171)

En México, la progresividad de la laicidad, desde sus etapas tempranas de instauración y desarrollo en el siglo XIX, aportó la masa crítica para defender el modelo de Estado aparejado con ella y las instituciones públicas desprendidas de él y contar, en la actualidad, con herramientas constitucionales, vinculadas a las grandes reformas que enumeramos anteriormente. Instrumentos constitucionales que los gobernados podemos utilizar para defendernos del poder del Estado, cuando, quienes ostentan ese poder, olvidan de quien procede originalmente el poder y por ende la autoridad que éste les confiere a ellos para representar a sus mandantes como mandatarios y no como señores de almas y haciendas.

En la línea del tiempo de esa progresividad, y situándonos, específicamente, en los últimos doce años, la progresividad de la laicidad en nuestro país, ha impactado, positivamente, el sistema jurídico mexicano, en especial, lo vinculado con los derechos, libertades y garantías en materia religiosa, reconocidos los derechos y libertades y otorgadas las garantías por el Estado mexicano. Entre los progresos que se han incorporado al hecho mexicano, se cuentan los avances fundamentales vinculados con la laicidad. Avances que, sitúan a México, como referencia en el plano internacional, específicamente, por lo que respecta a la implementación de los mecanismos vinculados a esos progresos.

El primer avance en esa línea de tiempo, tiene que ver con el nuevo paradigma constitucional que, incorpora todo lo relativo con los derechos humanos reconocidos en tratados internacionales, esto, con profundas implicaciones para el Estado mexicano y todos sus agentes, al tiempo de ponerlos en el centro de su actuar. Este paradigma ya no es opcional para la autoridad estatal en el ejercicio de su encargo público, tampoco es discrecional su aplicación como en otro momento se pensó y actuó. La reforma del 10 de junio de 2011 obliga también, a todas las autoridades, cumplir el contenido íntegro de la reforma que incorpora los avances en materia de religión contenidos en el *jus cogens*.

Es significativa la formula constitucional estipulada en el artículo 1º de nuestra Carta Magna que, aplicable también a los derechos, libertades y garantías que en materia religiosa nuestro sistema jurídico, le reconoce y otorga a toda persona, en lo que nos ocupa; dispone

> En los Estados Unidos Mexicanos todas las personas gozarán de los derechos humanos reconocidos en esta Constitución y en los tratados internacionales de los que el Estado Mexicano sea parte, así como de las garantías para su protección, cuyo ejercicio no podrá restringirse ni suspenderse, salvo en los casos y bajo las condiciones que esta Constitución establece.
>
> [...]
>
> Todas las autoridades, en el ámbito de sus competencias, tienen la obligación de promover, respetar, proteger y garantizar los derechos humanos de conformidad con los principios de

> universalidad, interdependencia, indivisibilidad y progresividad. En consecuencia, el Estado deberá prevenir, investigar, sancionar y reparar las violaciones a los derechos humanos, en los términos que establezca la ley. (CPEUM, art. 24)

Esto es, que, todos los derechos humanos vinculados con el ámbito religioso, tanto los estipulados en el bloque constitucional como los reconocidos en el bloque de convencionalidad, lo que la Suprema Corte de Justicia de la Nación a llamado parámetro de control de la regularidad constitucional; el Estado se obliga a reconocerlos a todas las personas, comprometiéndose ante ellas, a brindarles las garantías correspondientes, con el fin de que éstas, ejerzan plenamente esos derechos. Al mismo tiempo, por la trascendencia que este grupo de derechos tiene, para la vida de la persona, forman parte del conjunto de derechos que, aún ante una invasión, perturbación grave de la paz pública que ponga a la sociedad en grave peligro o conflicto, ni el Presidente, puede restringirlos o suspenderlos.

Ese giro de 180 grados que, instaura el nuevo modelo de derechos humanos, en nuestra Constitución Política, implica que, todas las normas relativas a los derechos humanos deben interpretarse de conformidad con la Constitución y con los tratados internacionales de la materia; proporcionando, en todo tiempo, a las personas la protección más amplia, dicho con otros términos, que esas reglas sean certificadas por medio del parámetro de control de la regularidad constitucional, optando siempre, por la norma que más protección brinde a la persona, además, que esa porción normativa sea compatible tanto con la norma constitucional como con la norma convencional y de no serlo se califique como inconstitucional.

En este plano, lo que estipula el párrafo tercero del artículo 1º constitucional, respecto a que todas las autoridades, en esto, no deja fuera o exenta a alguna, sino todas: federales, estatales o municipales, del poder legislativo, ejecutivo o judicial y también las que integran los órganos constitucionalmente autónomos, en el ámbito de sus competencias, tienen las siguientes obligaciones respecto a los derechos humanos: promoverlos; respetarlos; protegerlos, y garantizarlos.

Lo anterior, deben cumplirlo, ya no a discreción, como era la práctica habitual de la autoridad estatal previa a la reforma. Ahora, deben cumplir los deberes antes enunciados, de conformidad con los principios de: universalidad, interdependencia, indivisibilidad y progresividad. Estas obligaciones, para todas las autoridades estatales, en torno a los derechos humanos, amparan también, la atención que ellas brinden, en el ámbito de su competencia, a todo lo relacionado con los derechos y libertades fundamentales que en materia religiosa el Estado reconoce y garantiza respectivamente. Consecuentemente, el Estado debe prevenir, investigar, sancionar y reparar las violaciones a los derechos humanos.

Este modelo constitucional, hace posible, la incorporación a su cuerpo normativo, de un principio fundamental para la organización del Estado y la paz social, nos referimos a "la introducción de un nuevo principio constitucional, el de los derechos humanos" Carrillo Salcedo (1999: 40). Doce años después de su constitucionalización, es tiempo oportuno para su revisión en el ámbito del fenómeno religioso. ¿Cuántas autoridades en funciones y atendiendo al gobernado en la esfera de esos derechos, libertades y garantías que la constitución política le reconoce y otorga respectivamente, los ha atendido en sede de derechos humanos? Es oportuna la realización del ejercicio que vislumbra la pregunta.

El segundo avance es la constitucionalización expresa del carácter laico del Estado mexicano, que vale recordar, las luchas por su consolidación iniciaron en el siglo XIX, continuaron durante el siglo XX y a partir de su reconocimiento constitucional, el 30 de noviembre de 2012, con efecto inmediato al siguiente día, 1º de diciembre de esa anualidad, hoy, forma parte de nuestro patriotismo constitucional, es decir, de ese amor a la patria y a su máxima ley, que implica "[...] que los ciudadanos hacen suyos los Principios de la Constitución no solo en su contenido abstracto, sino sobre todo en su significado concreto dentro del contexto histórico de su respectiva historia nacional." (Habermas & Ratzinger, 2008: 19).

Con esta reforma, se culminó el proceso de reconocimiento del carácter laico del Estado Mexicano, proceso jurídico que tuvo su inicio a la par de las luchas liberales libradas contra el poder conservador y su aliado natural, el clericalismo, en esas etapas, encarnado por la alta jerarquía católica romana. La constitucionalización quedó establecida en el artículo 40 constitucional "Es voluntad del pueblo mexicano constituirse en una República representativa, democrática, laica y federal, compuesta por Estados libres y soberanos en todo lo concerniente a su régimen interior, y por la Ciudad de México, unidos en una federación establecida según los principios de esta ley fundamental." (CPEUM: 50).

En efecto, es voluntad del pueblo mexicano, es decir, de esa comunidad política, constituirse, fundarse como República. Aquí, el término república y la realidad que está constituyendo esa sociedad política, se inscribe en "la célebre definición Ciceroniana de *res publica*, de acuerdo con la cual es una 'cosa del pueblo' cuando por 'pueblo' no se entiende cualquier agregación de hombres sino una sociedad que se mantiene integrada no sólo por los vínculos jurídicos, sino por la '*utilitatis comunione*', [*utilidad común*], [*De res publica*, I, 41, 48]" Bobbio (2004: 14) República, representativa, democrática, laica y federal. Destacando, por el tema tratado en este capítulo, su carácter laico: República Laica, Estado Laico. Eso es hoy México.

El Estado mexicano es laico, más allá de cualquier discusión en torno a la disyuntiva República o Estado, lo cierto es que, en línea con la aportación de Bobbio

> Ciertamente, con el autor de *El Príncipe* el término "Estado" sustituyó paulatinamente, si bien a través de un largo camino, los términos tradicionales con los que había sido designada hasta entonces la máxima organización de un grupo de individuos sobre un territorio en virtud de un poder de mando: *civitas* que traducía el griego *polis*, y *res publica*, [...]. (Bobbio, 2004: 86-87).

A partir de su entrada en vigor, el 1º de diciembre del año 2012, la República Laica mandata que, todas las leyes que emanen de la Constitución Política de los Estados Unidos Mexicanos, deben conformarse y sujetarse al carácter laico de la República Mexicana y a todos los principios vinculados con ese carácter, que por los requisitos de este capítulo no los abordamos aquí. En congruencia con lo anterior, toda la actuación de los agentes del Estado Mexicano, agrupados en el artículo 108 constitucional,

> [...] se reputarán como servidores públicos a los representantes de elección popular, a los miembros del Poder Judicial de la Federación, los funcionarios y empleados y, en general, a toda persona que desempeñe un empleo, cargo o comisión de cualquier naturaleza en el Congreso de la Unión o en la Administración Pública Federal, así como a los servidores públicos de los organismos a los que esta Constitución otorgue autonomía, [...]. (CPEUM: 111)

Vinculada con su encargo público, toda la actuación de todo servidor público, debe ser pasada por el tamiz de la laicidad. Hoy, ese agente del Estado no puede invocar en su actuación, ignorancia o falta de información relativa al carácter laico del Estado y justificar, a partir de ese desconocimiento, su impericia al desplegar sus actuaciones en el marco de sus responsabilidades públicas y doblemente injustificable ese pretexto, cuando está ante su instancia la responsabilidad de atender un asunto vinculado con el fenómeno religioso. Antes de la reforma, servidores públicos, actuaban, muchas veces, anteponiendo su creencia o convicción personal, hoy, deben hacerlo en clave laica.

El tercer avance en orden cronológico está vinculado con la evolución de la libertad religiosa hacia la libertad de religión. Recapitulando su desarrollo y evolución al interior del Estado Mexicano, podemos decir que brotó en el marco de intolerancia constitucional y que, en su progresividad avanzó hacia la tolerancia, desplazándose seguidamente al ámbito de reconocimiento de dos libertades fundamentales en su desarrollo: la libertad de creencias y la libertad de cultos; posteriormente, transitó hacia el reconocimiento de la libertad religiosa, apuntando que, esta etapa de libertad estuvo expuesta a la pretensión, por parte de la jerarquía católica, respecto a imponer, en lo posible, sus prerrogativas ante el Estado.

Por lo anterior, la reforma al artículo 24 constitucional, relativa a la libertad religiosa y sus garantías, fue construida atendiendo los compromisos internacionales contraídos por México, armonizándola, en lo posible, con lo dispuesto en el artículo 18 de la *Declaración Universal de los Derechos Humanos* "Toda persona tiene derecho a la libertad de pensamiento, de conciencia y de religión; [...]." (Ferrer Mac-gregor y Carbonell, Miguel 2007: 407)

Ese desarrollo y evolución que, en el marco del sistema jurídico mexicano, ha experimentado el derecho a la libertad religiosa, impulsado por los procesos de democratización, laicización y secularización respectivamente, proporciona, hoy, su mayor servicio a todos los que integran el hecho mexicano, realidad que se vive y fortalece en el pluralismo y la diversidad. Esto implica nuevas protecciones y formas jurídicas de organización de la vida colectiva. Siendo en este mosaico, en el que el derecho a la libertad de religión, se incorpora para regular y sujetar desde su constitución a todos, como lo prueba la reforma del 19 de julio de 2013

> Toda persona tiene derecho a la libertad de convicciones éticas, de conciencia y de religión, y a tener o adoptar, en su caso, la de su agrado. Esta libertad incluye el derecho de participar, individual o colectivamente, tanto en público como en privado, en las ceremonias, devociones o actos del culto respectivo, siempre que no constituyan un delito o falta penados por la ley. (CPEUM: 27)

Este derecho impone para el Estado un principio en su atención a todo lo relacionado con el fenómeno religioso, reconoce a la persona un derecho fundamental como titular de la decisión que toma ante la deidad y únicamente en sus manifestaciones externas; por tal motivo, a nuestro entender, al aplicarse, primero debe interpretarse conforme lo dispone el artículo 1º constitucional; proporcionando la protección más amplia a favor de la persona y segundo, armonizar su aplicación con otras normas constitucionales: 1º, respetando el bloque de convencionalidad y las obligaciones que todos los servidores públicos asumen en esta materia; 3º, respetando la educación laica y el principio de neutralidad religiosa.

Además, los artículos: 39, respetando el origen laico de la Constitución; 40, Respetando la República laica; 130, respetando el principio histórico de separación del Estado y las Iglesias, que hace posible el marco de relación Estado Iglesias, y 133, respetando la supremacía Constitucional y por esta vía, los alcances del artículo 1º que incorpora el *jus cogens*. Con la sujeción y atención por parte de los agentes del Estado al fenómeno religioso con esas disposiciones constitucionales y la legislación que de ellas emana, se vuelven efectivos los beneficios constitucionales agrupados en la reforma al artículo 24 y las otras 2 reformas constitucionales reiteradamente aludidas.

¿Hacia dónde va el proceso de laicidad en México? Hacia la comprensión de todos sus postulados, por parte de todos los que hacemos posible el hecho mexicano, acaso, esto sería lo ideal, pero nuestra realidad es compleja, no se ajusta a modelos monocromáticos; existen múltiples proyectos de vida, personales y colectivos y todos hemos de convivir y para lograrlo, debemos afianzar un espacio donde nadie sea rechazado por ningún motivo, un ámbito que respete la igualdad sin anular la diferencia, que vea en la suma de toda su pluralidad el poder de su soberanía, que respete los derechos humanos y los promueva para todos, en fin, un Estado laico que se dé a conocer a los que habitamos su territorio.

En ese hecho complejo que es México, debe reconocerse ese mosaico religioso y atenderse en el marco constitucional que hace posible la relación con las Iglesias, esas entidades místicas que, para responder a esa relación, si lo desean, pueden constituir asociaciones religiosas y solicitar el registro correspondiente, en el marco del Principio constitucional de Laicidad y todos los demás principios constitucionales que su puesta en la Constitución Política visibilizó. Las tres reformas constitucionales de los últimos 12 años vinculas al fenómeno religioso, forman un trinomio inescindible a favor de todos, principalmente del gobernado para afianzar la legislación reglamentaria y las políticas públicas necesarias.

Referencias bibliográficas.

Bobbio, Norberto. 2004. Estado, gobierno y sociedad. Traducción de José F. Fernández Santillán. México. Fondo de cultura económica. Colección Breviarios.

Cámara de diputados. 2023. Constitución Política de los Estados Unidos Mexicanos. https://www.diputados.gob.mx/LeyesBiblio/pdf/CPEUM.pdf. Leyes Federales.

Carrillo Salcedo, Juan Antonio. 1999. Dignidad frente a barbarie. Madrid. Trotta. Colección Minima Trotta.

Delgado Arroyo, David Alejandro. 1997, Hacia la modernización de las relaciones iglesia-Estado. México. Porrúa.

Ferrer Mac-gregor, Eduardo y Carbonell, Miguel. 2007. Compendio de derechos humanos. México. Miguel Ángel Porrúa.

Gobierno Federal. 2011. Ley de Asociaciones Religiosas y Culto Público. México. SEGOB.

González Fernández, José Antonio et al.1993. Derecho eclesiástico mexicano. México. Porrúa.

Habermas, Jürgen y Ratzinger, Joseph. 2008. Entre razón y religión. Traducción Pablo Largo/Isabel Blanco. México. Fondo de cultura económica. Colección Centzontle

Peña-Ruiz, Henri. Año 2001. La emancipación laica. Madrid. Ediciones del laberinto. Colección Hermes

Sánchez Gómez, Narciso. 2007. Asociaciones religiosas. México. Porrúa.

Pensar la laicidad en clave antidiscriminatoria

Ricardo Bernal Lugo
Universidad La Salle, México

Introducción

En el presente trabajo planteo una breve revisión del principio de laicidad en el contexto mexicano con la intención de mostrar su relación con el principio de igualdad y no discriminación. En las últimas décadas, los debates en torno al fenómeno religioso han recobrado importancia en el mundo luego de un periodo en el que, al menos en el contexto intelectual europeo, se había anunciado el inexorable debilitamiento del papel de la religión en el espacio público. Contrario a este presagio, en diferentes regiones del mundo hemos sido testigos de la incursión en política de líderes religiosos, la manifestación pública de miembros de diferentes comunidades de fe tratando de incidir en decisiones legislativas, judiciales o de política pública o, en casos extremos, la realización de actos violentos por parte de grupos fundamentalistas para reivindicar posturas político-religiosas. No obstante, y de manera paralela, también hemos observado el importante papel de simpatizantes, iglesias y líderes religiosos en actos de apoyo humanitario a migrantes y refugiados, en la intervención en casos de conflicto armado o en procesos de pacificación o restauración del tejido social, llegando en ocasiones a lugares olvidados o desatendidos por el Estado. En ese sentido, no parece aventurado decir que la reaparición (si es que alguna vez desapareció) de la religión en el espacio público no es uniforme y no necesariamente está teñida de tonos negativos.

Esto último podría llevar a que algunas personas se sientan tentadas a dudar de la necesidad de separar las funciones del Estado de las Iglesias. En sus distintas modalidades y en diferentes grados, esta separación ha servido como orientación de las decisiones públicas de algunos países occidentales, dentro de los cuales México ocupa un lugar destacado. La constatación cotidiana de que la participación activa de algunos sectores religiosos genera efectos favorables en grupos de la sociedad y que en ocasiones incluso solventa las incapacidades del Estado, ha llevado a algunas personas a argumentar que la exclusión de las Iglesias de las funciones públicas restringidas al poder civil no sólo no resulta necesaria para llevar a buen puerto los fines de las sociedades contemporáneas, sino que incluso se presenta como un obstáculo para resolver los complejos problemas que enfrentan las naciones en el mundo actual. De igual forma, hay quienes reivindican una suerte de nuevo ecumenismo en el que los valores compartidos por las diferentes religiones del mundo podrían servir como el suelo moral sobre el que los Estados deberían actuar generando así consensos interreligiosos (Arboleda Mora, 2013).

En lo que sigue, trataré de argumentar que si bien resulta moralmente deseable que existan acuerdos interreligiosos y que se reconozca el papel que tienen las comunidades y los liderazgos religiosos en la sociedad, debemos fortalecer más que nunca el principio de laicidad ya que brinda una orientación que permite gestionar la cada vez más amplia diversidad de creencias, ideas, prácticas y preferencias en el marco del paradigma de los Derechos Humanos en general y del principio de igualdad y no discriminación en particular. En todo caso, habría que promover las formas de participación e incidencia social de las comunidades y grupos religiosos que no atenten contra el principio de laicidad, ya que, de hecho, este opera como la condición que hace posible que los simpatizantes de las diferentes concepciones de vida buena que tienen lugar en las sociedades contemporáneas -plurales y complejas- convivan en circunstancias de relativa paz bajo el paraguas común de los Derechos Humanos.

Para desarrollar mi planteamiento procederé en dos momentos, en el primero señalaré cuál es la génesis del principio de laicidad y argumentaré que éste es inseparable de la reivindicación moderna de la libertad individual y la pluralidad de visiones del mundo como elementos que no pueden ser limitados ni por el Estado ni por ningún otro tipo de poder. En un segundo momento mostraré el vínculo entre el principio de laicidad y el principio de igualdad y no discriminación. Ciertamente, la tradición que consolidó nuestra idea de laicidad es bastante anterior al paradigma de los Derechos Humanos que -aunque filosóficamente posee una larguísima trayectoria- en su versión jurídico política actual se remonta a la década de 1940; sin embargo, es posible reconstruir el principio de laicidad en la clave del principio de igualdad y no discriminación. Esto, en la medida en que la separación de las funciones gubernamentales de los ideales religiosos busca asegurar que ninguna persona sea presa de tratos diferenciados no justificados en el acceso a los derechos fundamentales que le permiten vivir de manera libre y autónoma. Finalmente plantearé mis conclusiones.

1. Precisiones conceptuales sobre el principio de laicidad

El fenómeno religioso puede ser analizado desde diferentes perspectivas, subrayando la dimensión espiritual, las transformaciones subjetivas en relación con la trascendencia o el horizonte de sentido que otorga a los individuos y los grupos. Para los propósitos de este texto, me centraré en el fenómeno religioso en su dimensión pública, esto es, considerando la manera en la que incide en las formas de organización y regulación del orden social y en la manera en que influye en la distribución del poder y el prestigio en las sociedades. Desde la sociología, la filosofía política, la antropología y la psicología social, el hecho religioso ha sido comprendido como un fenómeno colectivo que genera rutinas organizadas de forma grupal y produce sistemas de creencias complejos institucionalizados (Rodriguez Zepeda, 2011).

El carácter colectivo, organizado e institucional de la religión la ha convertido históricamente en una instancia con gran incidencia social, cultural, política y económica. Existe amplia evidencia que acredita cómo, debido a sus efectos culturales y espirituales, las religiones pueden convertirse en factores de poder y dominación (Weber, 2002); en instancias que promueven mecanismos excluyentes de identidad y pertenencia; o en instituciones que detentan o respaldan la hegemonía política de ciertos grupos. Por razones históricas muy concretas, en Occidente la Iglesia Católica se convirtió en un factor decisivo de poder político al menos desde el siglo V y con el tiempo amplió su influencia dando lugar a formas culturales hegemónicas y a mecanismos muy variados de poder, dominación y exclusión.

El caso de América Latina en general y de México en particular es ejemplar ya que durante el periodo colonial la dominación política de la emergente monarquía española[17] sobre sus territorios ultramarinos fue prácticamente indisociable de la influencia cultural y espiritual de la Iglesia Católica, pero también de su capacidad para incidir en la distribución de la propiedad, las reglas del ordenamiento

17. Como es sabido, la monarquía española surgió a finales del siglo XV como resultado de la uniòn entre la Corona de Aragón y la Corona de Castilla.

social, la estipulación de las normas jurìdico políticas y las formas de comportamiento aceptables en la vida cotidiana.

Al menos desde el siglo XVI, en el continente europeo surgieron duros cuestionamientos ante las consecuencias negativas derivadas del estrecho vínculo entre la autoridad política y la autoridad eclesiástica. En parte, estos cuestionamientos se explican por la emergencia de otros grupos religiosos respaldados por los poderes políticos que se oponían a la Iglesia Católica. De manera paulatina estas críticas dieron lugar a dos exigencias de carácter político: primero, la de tolerar los "cultos no católicos" y, posteriormente, la de diferenciar los asuntos civiles correspondientes al poder político de los aspectos vinculados con la "salvación de las almas". Hacia finales del siglo XVII ambas demandas ya circulaban entre las élites intelectuales europeas, tal como se puede leer en la famosa *Carta sobre la tolerancia* de John Locke:

> Ahora bien, me parece que las siguientes consideraciones demuestran plenamente que toda jurisdicción del gobernante alcanza sólo a aquellos aspectos civiles, y que todo poder, derecho o dominio civil está vinculado y limitado a la sola preocupación de promover estas cosas; y que no puede ni debe ser extendido en modo alguno a la salvación de las almas... (Locke, 2002: 7).

Aunque en el caso de Locke, este planteamiento es inseparable de su defensa del protestantismo frente al catolicismo (Renault, 2017), la distinción entre las atribuciones del poder civil y el dominio de los poderes religiosos será crucial en el desarrollo posterior de los Estados nacionales occidentales y, sobre todo, en la consolidación de nuestra idea de laicidad.

En la tradición europea, la crítica a la asociación entre autoridad política y religiosa vino acompañada de una crítica aún más profunda a los poderes ilimitados de las monarquías absolutas, sostenidas en gran medida por el poder simbólico y político del papado. La convergencia de estos planteamientos dio lugar a una importante corriente de pensamiento que defendía la soberanía del individuo frente a la arbitrariedad de los poderes públicos, los excesos de grupos poderosos o el abuso de corporaciones religiosas. La exigencia de limitar las atribuciones de los poderes políticos, religiosos y corporativos debido a su amenaza al inestimable valor de la libertad individual se tradujo en demandas concretas planteadas en el lenguaje del derecho natural (Gauthier, 2014).

A pesar de que existen importantes debates sobre su génesis y la pertinencia de esta nomenclatura, se suele denominar como liberalismo político (Salazar, 2005) a aquella corriente surgida desde el siglo XVII que reivindica la necesidad de embridar los poderes públicos a fin de garantizar las libertades individuales consideradas como anteriores en orden de prioridad al Estado o a cualquier otra organización. Desde esta perspectiva, la protección de la libertad del individuo, siempre y cuando no dañe los derechos naturales de terceros, es un requisito para que cualquier acción pública sea considerada legítima.

Entre lo siglos XVII y XIX, la lista de las libertades que debían ser protegidas por el Estado se amplió considerablemente en función de las transformaciones sociales, económicas y políticas de la época, añadiendo la libertad de prensa, de trabajo o de asociación, a las libertades de culto, de propiedad y de creencias. En todo caso, lo que me interesa resaltar en mi argumento es que en su génesis misma la defensa de la libertad individual frente a las arbitrariedades de los poderes -incluida la libertad de pensamiento y de creencias-, es concomitante a dos circunstancias fundamentales: 1) la restricción de las atribuciones de aquellas instituciones que regulan la vida social de los seres humanos y 2) la diferenciación progresiva entre los asuntos públicos que le corresponde procesar al poder civil y los aspectos asociados a las convicciones morales, espirituales y religiosas.

Desde mi punto de vista, la concurrencia entre la protección de la libertad individual, la restricción de los poderes arbitrarios y la diferenciación de las funciones civiles del Estado respecto a los objetivos morales y espirituales de otras instituciones, sólo ha sido posible en el marco de un proceso sociocultural más profundo que ha llevado a amplios grupos de la sociedad a reconocer que la pluralidad de pensamientos, creencias y prácticas dentro de una misma comunidad, no representa una desviación a corregir, sino un dato primordial de sociedades cada vez más complejas y diversas. Esta convicción ha derivado en una redefinición del objetivo del poder político cuya finalidad no puede consistir más en orientar y conducir los actos de los miembros de la comunidad –lo que Foucault denominaba poder pastoral- hacia una visión particular de la vida buena, sino en servir como la instancia que, parafraseando a Immanuel Kant, hace posible que todas las visiones del mundo sean compatibles entre sí en tanto no generen daños a los demás.

Este último aspecto no es secundario. Desde hace un par de décadas, se ha cuestionado la idea defendida por algunos autores del siglo XX según la cual la modernidad podría interpretarse como un proceso de racionalización que paulatinamente sustituiría las explicaciones mítico-religiosas por explicaciones de orden científico, al tiempo que las formas de legitimidad del poder político basadas en la tradición o la religión serían relevadas por formas de legitimidad de carácter racional (Weber, 2002, Habermas, 2001). De acuerdo con esta idea, la modernidad sería inseparable de un proceso de *secularización* que inevitablemente tendería a limitar la presencia pública de las religiones, arrinconándolas al dominio privado. No obstante, los acontecimientos de las últimas décadas han mostrado que esta supuesta tendencia no se ha cumplido y que de hecho resulta inapropiado juzgar los diferentes arreglos entre el poder político y el fenómeno religioso a partir de un modelo que sólo parece cumplirse en algunos países de Europa. La crítica al vínculo *modernidad-secularización* ha llevado a que algunos autores señalen que actualmente debemos hablar de sociedades *post-seculares* (Habermas, 2015) y que debemos repensar las formas en que institucionalmente se ha procesado la relación entre la dimensión política y la dimensión religiosa.

Aunque este planteamiento es ineludible, me parece difícil no reconocer que cualquier sociedad que se comprometa con la defensa más amplia de las libertades- individuales, incluida la libertad de creencias, de pensamiento o la más sustancial de organizar la vida propia de manera autónoma sin dañar a los otros-, está obligada a redefinir los objetivos de los poderes públicos. La meta de estos poderes no puede ser la conducción de las creencias y las prácticas de los miembros de una comunidad hacia una idea univoca de vida buena, sino la creación de las condiciones que permitan el desarrollo libre y autónomo de los individuos reconociendo por tanto la pluralidad de concepciones del mundo.

En ese sentido, es posible argumentar que, además de la diferenciación entre las atribuciones del poder civil y el ámbito de acción de las iglesias, la construcción del principio de laicidad se ha nutrido de y ha desarrollado la convicción de que es necesario fortalecer aquella concepción de lo público que se basa en la defensa de la pluralidad de visiones del mundo y el respeto a la autonomía de los individuos. Por lo mismo, es posible distinguir analíticamente entre tres ideas que, si bien son semejantes, no son sinónimos: a) la libertad de conciencia en sentido amplio; b) la división formal y funcional de los poderes civiles respecto a los poderes religiosos; y c) el reconocimiento de la autonomía y la pluralidad de visiones del mundo como horizonte político y cultural.

La libertad de conciencia contempla a su vez dos elementos: a) el derecho a elegir las creencias en materia religiosa o a elegir no adherirse a ninguna creencia (libertad de pensamiento y de creencias); y b) el respeto a desarrollar prácticas y rituales asociados al sistema de creencias que optemos seguir siempre y cuando no afecten a terceros (libertad religiosa) (Rodriguez Zepeda, 2011).[18]

El respeto a la libertad de conciencia parece ser incompatible con aquellos regímenes en los cuales las funciones civiles de los Estados están integradas a las instituciones religiosas o donde los regímenes políticos optan por presentarse como defensores activos de una confesión particular. De manera que el grado de división formal y funcional entre el Estadoy las confesiones religiosas, nos permite distinguir entre Estados integristas, confesionales, semi-confesionales o a-confesionales.

Ahora bien, como argumenta Rodriguez Zepeda (2011), una revisión del principio de laicidad que tome en cuenta los procesos históricos, políticos y culturales nos permite reconocer que los Estados que más activamente han defendido la idea de laicidad, como lo son el mexicano y el francés, no se limitan a establecer una distinción entre las funciones del Estado y el papel de las Iglesias, sino que promueven que las instituciones y los miembros de la función pública actúen siguiendo un conjunto de valores entendidos como la condición que hace posible el respeto a la libertad de todos los miembros de una comunidad política. De esta manera, cabría distinguir entre Estados a-confesionales y Estados laicos (Véase Tabla 1)

18. La libertad de conciencia está enunciada en el Artículo 18 de la Declaración Universal de Derechos Humanos: "Toda persona tiene derecho a la libertad de pensamiento, de conciencia y de religión; este derecho incluye la libertad de cambiar de religión o de creencia, así como la libertad de manifestar su religión o su creencia, individual y colectivamente, tanto en público como en privado, por la enseñanza, la práctica, el culto y la observancia".

Tabla 1. Tipos de Estado de acuerdo a la división formal y funcional entre el Estado y las Iglesias y a los valores que promueven

Integrista	Confesional	Semi-confesional	A-confesional	Laico	Jacobino
Confusión entre orden civil y orden religioso	Presencia amplia y extensiva de normas e instituciones religiosas en la estructura pública	Presencia parcial de normas e instituciones religiosas en la estructura pública	Separación formal y funcional entre el Estado y las Iglesias	Separación formal y funcional entre el Estado y las Iglesias y existencia de una orientación de las instituciones públicas hacia el respeto de la libertad, la pluralidad y la autonomía	Prohibición estatal de los credos y ritos religiosos

Tabla adaptada a partir de los planteamientos desarrollados por Rodriguez Zepeda (2011)

Así, podríamos definir el principio de laicidad como aquel principio que garantiza la libertad de conciencia de todos los miembros de la sociedad al establecer la separación formal y funcional del Estado respecto a las Iglesias, al tiempo que orienta las decisiones de los poderes públicos hacia el fortalecimiento de la autonomía de los individuos y la aceptación de las diferentes visiones del mundo.

Históricamente, la defensa de la laicidad se llevó a cabo bajo el paraguas de las ideas ilustradas que generalizaron dos planteamientos cuya trayectoria puede remontarse al menos al siglo XVII (Israel, 2012: 1) el impulso crítico hacia el monopolio cultural, moral y político de las instituciones cristianas en general y de la Iglesia Católica en particular, y 2) la defensa de la libertad individual frente a las arbitrariedades de los poderes

Durante el siglo XIX, las ideas ilustradas encontraron acogida entre los sectores que deseaban criticar los excesos del poder político y religioso en varias partes del mundo, por lo que no es de extrañar que la laicidad se haya formulado en principio en el lenguaje de la ilustración. Actualmente, existen buenas razones para criticar algunas posturas de los defensores de las ideas ilustradas por su carácter eurocéntrico, por sus rasgos cientificistas que niegan otras perspectivas epistemológicas o por el hecho de que sirvieron como base para definir parámetros que llevaban a distinguir entre "sociedades más o menos "civilizadas". Con todo, no debemos perder de vista que en los hechos estas ideas también permitieron cuestionar la hegemonía cultural, política y moral de las instituciones eclesiásticas, abriendo paso de manera parcial al pluralismo social y a la autonomía individual.

El caso de México retrata bien esta circunstancia, ya que fueron los sectores liberales influenciados en gran medida por las ideas ilustradas surgidas en Europa y las ideas movilizadas durante la Independencia de los Estados Unidos de

América, las que, adaptadas a la situación de nuestro país, sirvieron para justificar la limitación de los poderes que la Iglesia Católica aún mantenía a mediados del siglo XIX debido a la herencia colonial.

Como es bien sabido, entre 1859 y 1860 fueron promulgadas las leyes y decretos que hoy conocemos como *Leyes de Reforma*. En sentido estricto, estas representan el corolario de un conjunto de legislaciones iniciadas en 1855, plasmadas en la Constitución de 1857[19] y profundizadas en los años subsiguientes debido a la alianza de las jerarquías católicas con el ala conservadora (Galeana, 2022).

Las *Leyes de Reforma* se componen de cuatro leyes y cuatro decretos, las cuatro leyes fueron: La Ley de Nacionalización de los Bienes Eclesiásticos, la Ley del Matrimonio Civil, la Ley Orgánica del Registro Civil y la Ley sobre Libertad de Cultos de diciembre de 1860. Este proceso en su conjunto definió funciones públicas que sólo el Estado puede realizar, limitó el poder político de la Iglesia Católica entonces soportado por la propiedad de bienes heredados desde el periodo colonial, y, sobre todo, suprimió la intolerancia religiosa legalizada hasta entonces allanando el camino para el respecto a la libertad de conciencia y la pluralidad religiosa.

19. Antes de la promulgación de las Leyes de Reforma decretadas en el contexto de la llamada Guerra de tres años, los sectores liberales impulsaron cuatro leyes: la llamada Ley Juárez de 1855 que suprimía la facultad de los Tribunales eclesiásticos y militares para juzgar delitos de orden común; la Ley Lerdo de 1856 que permitió la desamortización de las tierras de la Iglesia; la Ley Lafragua de 1857 sobre el Registro Civil que buscaba que las personas fueran registradas por el Estado allí donde no había parroquias; y la Ley Comonfort, también de 1857, que obligaba a registrar las defunciones por autoridades del orden civil (Galeana, 2022).

Entre finales del siglo XIX y principios del siglo XX el ambiente intelectual mexicano estuvo marcado por las ideas del positivismo, planteadas en el siglo XIX por el filósofo francés Augusto Comte y difundidas en México por Gabino Barreda (Leyva, 2018). El positivismo traducía el impulso ilustrado por el progreso y la defensa de la ciencia contra el pensamiento religioso y metafísico de una manera lineal y mecánica. Esto influyó en la manera en la que el principio de laicidad fue concebido y planteado en el Artículo 3 de la Constitución de 1917 en el que se hace explícito el carácter laico de la educación y la prohibición de que los ministros de culto y las instituciones religiosas se encarguen de la educación primaria.

Algo parecido ocurrió con la reforma de 1934 al Artículo 3, influida por las corrientes socialistas que entonces partían de una interpretación del marxismo cientificista y mecánica bastante condicionada por las lecturas propagadas por la Unión Soviética (Illades, 2018). Dicha reforma declaró el carácter "socialista" de la educación, la exclusión de toda doctrina religiosa de las escuelas, el combate al fanatismo y los prejuicios y la organización de las enseñanzas y las prácticas de tal manera que se promoviera un "concepto racional y exacto del universo y de la vida social".

Aunque actualmente nos puede parecer bastante problemático que la idea de laicidad se asociara a la aspiración de tener un concepto "exacto de la vida social", es difícil no reconocer que aún encarnado en el marco de ideas ilustradas con un fuerte componente eurocéntrico, de un liberalismo nacionalista excluyente con los pueblos originarios (Land, 2018), de un positivismo cientificista o de una interpretación del socialismo bastante cuestionable, el principio de laicidad se orientaba a defender que sólo mediante la separación del Estado de las Iglesias en la definición del rumbo de la educación se podía garantizar que las personas tuvieran acceso a un espacio de formación en el que, más allá de cualquier visión moral particular, se acercaran a los avances del conocimiento para formar sus propios criterios y decidir autónomamente sus convicciones, prácticas y creencias.

Sea en el caso de las *Leyes de Reforma*, sea en el caso del artículo 3 de la Constitución o en sus distintas formulaciones posteriores, el principio de laicidad no sólo se limitó a garantizar la división formal y funcional del Estado respecto a las Iglesias, sino que buscó definir la orientación de las acciones de los poderes públicos en la defensa de los valores de la autonomía y la pluralidad aun cuando esto se hiciera en el marco de los planteamientos ideológicos y políticos disponibles en el ambiente intelectual de cada época. A continuación, señalaré que el paradigma de los Derechos Humanos en general y su materialización en México con la Reforma de 2011 en particular, ofrece un andamiaje filosófico, jurídico y conceptual más adecuado para defender la laicidad evitando cualquier interpretación anticlerical o jacobina.

2. Laicidad y no discriminación

Hasta este punto he querido sostener que si hacemos una revisión de la evolución del principio de laicidad debemos reconocer que, además de permitir la libertad de conciencia gracias a la separación formal y funcional entre el Estado y las Iglesias, define una serie de valores públicos que el Estado debe defender, en particular la protección de la autonomía individual y el respeto de la pluralidad. En este apartado, defenderé que el paradigma de los Derechos Humanos en general y el principio de igualdad y no discriminación en particular ofrecen la orientación jurídico-política y el lenguaje práctico más adecuados actualmente para alcanzar los objetivos que históricamente han estado asociados a la laicidad.

Como es de sobra conocido, el paradigma actual de los Derechos Humanos surgió como respuesta a la catástrofe civilizatoria de las dos guerras mundiales buscando establecer un acuerdo internacional que hiciera valer los ideales modernos de libertad e igualdad universales. Para ello, en su arquitectura conceptual, se recurrió a una noción de larga tradición filosófica como la de dignidad humana (Pérez Cortés, 2018), la cual permite delimitar una esfera de protección para los individuos y los grupos humanos que ninguna instancia debe transgredir a riesgo de ser condenada. En el paradigma de los Derechos Humanos, la dignidad humana se ha interpretado como aquel valor inestimable que los Estados deben proteger y salvaguardar a través del reconocimiento de derechos considerados inalienables, los cuales son comprendidos como prerrogativas que los seres humanos tienen por el simple hecho de serlo. A la protección de las libertades individuales y los derechos civiles, el paradigma de los Derechos Humanos ha incorporado la protección de derechos políticos, económicos, sociales, culturales y ambientales.

Desde su origen en la *Declaración Universal de los Derechos Humanos* de 1948, la garantía de los derechos que materializan la dignidad es inseparable del principio de igualdad y no discriminación. La idea central expresada en este documento es que sólo es posible proteger la dignidad humana si todas las personas tienen los mismos derechos (igualdad de derechos) y si a la par se prohíben tratos diferenciados arbitrarios que obstaculicen el ejercicio de los mismos (no discriminación). El principio de igualdad y no discriminación se encuentra reconocido en el artículo 2 y el artículo 7 de la *Declaración* antes mencionada:

> Artículo 02.1. Toda persona tiene todos los derechos y libertades proclamados en esta Declaración, sin distinción alguna de raza, color, sexo, idioma, religión, opinión política o de cualquier otra índole, origen nacional o social, posición económica, nacimiento o cualquier otra condición...

> Artículo 7. Todos son iguales ante la ley y tienen, sin distinción, derecho a igual protección de la ley. Todos tienen derecho a igual protección contra toda discriminación que infrinja esta Declaración y contra toda provocación a tal discriminación. (DUDH, 1948)

Ahora bien, aunque el rechazo a los tratos desiguales arbitrarios es un principio central de nuestra concepción actual de los Derechos Humanos, en un sentido más amplio la discriminación debe comprenderse como un fenómeno socio-cultural con raíces históricas. Por lo mismo, Rodriguez Zepeda la ha definido como:

> ...una conducta, culturalmente fundada, y sistemática y socialmente extendida, de desprecio contra una persona o grupo de personas sobre la base de un prejuicio negativo o un estigma relacionado con una desventaja inmerecida, y que tiene por efecto (intencional o no) dañar sus derechos y libertades fundamentales (Rodríguez Zepeda, 2005, p. 19).

Los resortes de la discriminación se remontan a procesos histórico-culturales amplios y complejos y se manifiestan en obstáculos y desigualdades estructurales para ciertos grupos e individuos. No obstante, es importante subrayar que tal como se ha conceptualizado en la actualidad el fenómeno discriminatorio es inseparable del lenguaje de los Derechos Humanos pues aquello que lo distingue de otras formas de trato moralmente reprochable es que tiene como efecto la restricción de los derechos y las libertades fundamentales de las personas.

En los diferentes documentos internacionales como la *Convención sobre la Eliminación de todas las formas de discriminación racia*l o en la *Convención sobre la Eliminación de todas las formas de discriminación hacia la mujer* la discriminación no se entiende como la mera constatación de acciones de animadversión aisladas dirigidas hacia cualquier individuo, sino como resultado de la acumulación histórica de creencias y prácticas de rechazo y desatención hacia ciertos grupos de la sociedad que han sido adoptadas y reproducidas culturalmente (Pedraza y Bernal, 2024).

Tanto en el derecho internacional como en nuestro marco normativo se han ubicado algunos grupos de la sociedad que por razones histórico-culturales tienen mayor proclividad a ser discriminados. Así, aspectos como el sexo, las características físicas racializadas, la pertenencia étnica, el hecho de tener algún tipo de discapacidad, entre otras, son elementos que operan como marcadores sociales y resortes de conductas discriminatorias. A los grupos que tienen una o varias de estas características se les ha denominado grupos en situación de discriminación o grupos históricamente discriminados.

Una de las categorías que opera como resorte para conductas discriminatorias es la pertenencia e identidad religiosa. En el lenguaje de los Derechos Humanos, a las personas que no forman parte de la comunidad religiosa hegemónica dentro de una sociedad se les identifica como grupos de la diversidad religiosa (Enadis, 2022). Esta denominación no sólo incluye a las comunidades religiosas e iglesias que no son mayoritarias, sino a las personas que tienen creencias y prácticas que no coinciden con las de ninguna comunidad religiosa o las personas que no profesan religión alguna.

Históricamente, los miembros de la diversidad religiosa suelen ser más susceptibles de recibir tratos discriminatorios y frecuentemente enfrentan obstáculos en el ejercicio de derechos como la educación, la salud, el acceso a la justicia o incluso en la manifestación de sus prácticas religiosas. La historia ofrece demasiados ejemplos que evidencian cómo la pertenencia y la identidad religiosa han sido motivos de exclusión, persecución e incluso exterminio. De hecho, como es de sobra conocido, la *Declaración Universal de los Derechos Humanos* también debe entenderse como respuesta a una de las más atroces experiencias de persecución por motivos religiosos que se ha vivido en el mundo.

No es casual que la prohibición de tratos discriminatorios por motivos religiosos aparezca en distintos artículos de la *Declaración*, entre los cuales destaca el Artículo 18:

> Artículo 18. Toda persona tiene derecho a la libertad de pensamiento, de conciencia y de religión; este derecho incluye la libertad de cambiar de religión o de creencia, así como la libertad de manifestar su religión o su creencia, individual y colectivamente, tanto en público como en privado, por la enseñanza, la práctica, el culto y la observancia. (DUDH, 1948)

En suma, es necesario señalar que en el paradigma de los Derechos Humanos el respeto a la dignidad humana se asocia al reconocimiento y la protección de los derechos fundamentales de todas las personas, los cuales son inseparables de la erradicación de cualquier forma de discriminación, incluida la discriminación por pertenecer a la diversidad religiosa.

En México, apenas en el año 2001 se agregó una cláusula al artículo 1 de la Constitución Política de los Estados Unidos Mexicanos conocida como *cláusula antidiscriminatoria*, misma que expresamente señala lo siguiente:

> Queda prohibida toda discriminación motivada por origen étnico o nacional, el género, la edad, las discapacidades, la condición social, las condiciones de salud, la religión, las opiniones, las preferencias sexuales, el estado civil o cualquier otra que atente contra la dignidad humana y tenga por objeto anular o menoscabar los derechos y libertades de las personas (CPEUM, art. 1º).

Como consecuencia de esta cláusula, en 2008 se promulgó la *Ley Federal para Prevenir y Eliminar la Discriminación* (LFPED). Mediante esta ley, el Estado se encuentra dotado de herramientas jurídicas para sancionar los comportamientos discriminatorios y, sobre todo, para implementar acciones orientadas a revertir las brechas de desigualdad. Con la Reforma Constitucional de 2011 en materia de Derechos Humanos el compromiso del Estado mexicano con el principio de igualdad y no discriminación se profundizó en la medida en que incorpora a su marco normativo los importantes avances plasmados en los tratados internacionales en la materia.

Uno de los aspectos que el paradigma de los Derechos Humanos en su conjunto busca erradicar es el entramado de conductas que obstaculizan los derechos de las personas que no comparten las convicciones morales, las creencias y las prácticas religiosas mayoritarias. A partir del 2001, en nuestra Constitución explícitamente se prohíbe cualquier forma de discriminación por motivos religiosos.

Me parece difícil negar que este mandato sólo puede cumplirse en la medida en que las instancias encargadas de respetar y proteger los derechos de las personas no estén comprometidas con unas convicciones morales y unas creencias particulares o, si se quiere, en tanto no comprometan el actuar de las instituciones públicas en esa dirección.

Si esto es así, existe una clara relación entre la exigencia de igualdad y no discriminación asociada al paradigma de los Derechos Humanos y el principio de laicidad. La garantía de no discriminación hacia personas de la diversidad religiosa parece requerir tanto de una separación formal y funcional del Estado respecto a las Iglesias, como del compromiso de los poderes públicos con la pluralidad y la autonomía individual. Valores que en el lenguaje de los Derechos Humanos se resumen en la idea de dignidad humana.

El paradigma de los Derechos Humanos ofrece un marco filosófico y un lenguaje más apropiados para pensar la laicidad si se le compara con las opciones que históricamente sirvieron de antesala para su aparición, como lo fue el lenguaje de la Ilustración, el liberalismo nacionalista o el positivismo. A diferencia de ellos, el lenguaje de los Derechos Humanos sólo compromete al Estado con el valor de la dignidad humana y con el sistema de derechos que la protege. Esto permite delimitar de forma clara una axiología del servicio público que no tiene otro horizonte que la garantía de los derechos y las libertades fundamentales de las personas, al tiempo que establece como únicos límites a la acción de los particulares y de los funcionarios del Estado aquellas acciones que atenten contra este amplio catálogo de derechos.

De hecho, las recientes reformas a la CPEUM en materia de laicidad parten de esta perspectiva. La laicidad se concibe como un principio que permite hacer converger el respeto a la libertad de conciencia; 2) la separación de lo político y de la sociedad civil frente a las normas religiosas y las visiones del mundo particulares, y; 3) la igualdad ante la ley y la no discriminación hacia las personas. A pesar de que las intervenciones de comunidades de fe en aspectos particulares de la vida social puedan tener efectos positivos, estos últimos no pueden ser el pretexto para desplazar el principio de laicidad ya que sólo este permite hacer compatible la coincidencia entre la garantía de la libertad de conciencia, la libertad religiosa y la promesa de igualdad y no discriminación.

Conclusiones

En este texto he tratado de reconstruir el principio de laicidad considerando que su interpretación no puede restringirse a la división formal y funcional del Estado y las Iglesias, sino que debe considerarse como la condición de posibilidad de la libertad de conciencia, misma que sólo se ha convertido en un bien defendible en la medida en que las instituciones encargadas de establecer las normas de la sociedad han dejado de tener como objetivo la orientación moral de los individuos y los grupos humanos y se han comprometido lenta y progresivamente con el respeto a la autonomía individual y la pluralidad de visiones del mundo. En ese sentido, el principio de laicidad es inseparable de una orientación particular de lo público jalonada por estos dos últimos valores.

Aunque históricamente el principio de laicidad se enmarcó en diferentes posturas ideológicas, en la actualidad el paradigma de los Derechos Humanos ofrece un marco inmejorable para la defensa de la laicidad en tanto que no compromete al Estado a otra cosa que al respeto a un catálogo de derechos y a la erradicación de todas las formas de discriminación, incluyendo la discriminación hacia las personas de la diversidad religiosa.

En ese sentido, el principio de laicidad adquiere mayor vigencia que nunca pues, entendido en la clave del principio de no discriminación y bajo el paraguas del paradigma de los Derechos Humanos, no se le puede acusar de atentar contra la religión, contra la libertad de las comunidades de fe o de impedir su acción en la vida social, pues, en realidad, sirve como garantía de la pluralidad de pensamiento y de la autonomía de los individuos, para, entre otras cosas, decidir y definir sus creencias particulares de manera libre.

Referencias

Arboleda Mora, C. (2013). Medio siglo de ecumenismo: retos del futuro. Cuestiones Teológicas, 40(43), 199-212.

Habermas, J. (2001). *Teoría de la acción comunicativa II. Crítica de la razón funcionalista,* México, Taurus.

Habermas, J. (2015).“La religión en la esfera pública de la sociedad ‘postsecular’”. En: Habermas, J. *Mundo de la vida, política y religión.* Madrid: Trotta, 263-278.

Gauthier, F. (2014). **Triomphe et mort de la révolution** des droits de l›homme et du citoyen (1789-1795-1802), Paris, Syllepse

Galeana, P. (2022). *Benito Juárez. El hombre y el símbolo,* Barcelona, Crítica

Illades, C. (2018). *El marxismo en México: una historia intelectual,* México, Taurus.

Israel, J. (2012) *La ilustración radical: La filosofía y la construcción de la modernidad, 1650-1750*, México, FCE.

Leyva, G. (2018). La filosofía en México en el Siglo XX, México, FCE.

Locke, J. (2002). *Ensayo y carta sobre la tolerancia,* Madrid, Alianza

Lund, J. (2017). *El Estado mestizo. Literatura y raza en México, México,* Malpaso

Reanault, M. (2014). *L'Amérique de John Locke : L'expansion coloniale de la philosophie européenne*, Paris, Editions Amsterdam

Rodriguez, Zepeda. J. (2005). "Definición y concepto de la no discriminación". en: El Cotidiano, núm. 134, noviembre-diciembre, 2005, pp. 23-29 Universidad Autónoma Metropolitana Unidad Azcapotzalco

________________. (2011). "Laicidad y discriminación" en: Salazar Ugarde, P. y Capdeville, P- (Coord.). Para entender y pensar la laicidad II. Colección Jorge Carpizo, México, UNAM

Weber, M. (2002). *Economía y sociedad*, México, FCE

La invención histórica de la moral cívica, educación pública, ciudadanía y laicidad en México

Felipe Gaytán Alcalá
Universidad La Salle México

¿Qué sentido tiene ser libres si no es para vivir libres? ¿Qué valor tiene una libertad política sino como medio para alcanzar la libertad moral? ¿Es de la libertad de ser esclavos o de la libertad de ser libres de lo que nos jactamos?

(Thoreau, David, 2005: 35)

En la segunda década del siglo XXI ha crecido la presión de grupos religiosos y de interés moral particular por incidir en la vida pública la que consideran ha perdido paulatinamente los valores morales y los principios trascendentes que guían las relaciones sociales. Su diagnóstico es tan amplio como diverso el cual va desde los altos índices de violencia por la falta de respeto a la autoridad, el reconocimiento a identidades y orientaciones sexuales diversas que relativiza la moral, la aceptación de la interrupción del embarazo que para ellos es un crimen y otros temas que giran alrededor de lo que consideran un exacerbado individualismo producto del relativismo moral de la sociedad contemporánea (Vattimo & Rovatti, 1995)

Este diagnóstico se fortaleció en la etapa de post- pandemia debido a dos razones: Primero, el desencanto de no haberse convertido en mejores seres morales a partir de las experiencias derivadas por la emergencia sanitaria, y; segundo, la percepción de incertidumbre de los ciudadanos a los riesgos sanitarios y económicos que se ciernen en el futuro inmediato y que deriva en un miedo social por lo que están dispuestos a cambiar seguridad por libertad, a optar por posturas más conservadoras (no todas religiosas) que les brinde, aunque de manera ficticia, un sentimiento de no vulnerabilidad como la que se vivió en los inicios de los años veinte del presente siglo (Gaytán, 2020).

Es entonces que estos grupos religiosos y de interés moral han desplegado diversas estrategias para incidir en la vida pública, ya sea a través de los temas de salud sexual y reproductiva o la atención a grupos sociales vulnerables para llevar su mensaje moral, entre otras.

Sin embargo, una de las áreas sociales que con mayor énfasis han buscado incidir ha sido de la educación. Pero ¿Por qué la educación es un tema estratégico, no sólo para estos grupos sino para la sociedad en su conjunto? Recordemos que la educación no es sólo formación de las personas en conocimientos, habilidades y aptitudes para insertarse en la vida en sus diferentes dimensiones (económica, social, cultural) sino ante todo es un ámbito de formación de ciudadanía, es decir, en valores cívicos, identidad como colectivo, marco legal de convivencia social y, sobre todo, comprender la dimensión de los derechos y obligaciones que todo individuo ejerce en su libertad y en el respeto a los demás (Molina, 2015)

Es aquí en donde la laicidad adquiere relevancia al establecer la distinción entre lo político y lo religioso, entre lo jurídico (leyes) y la moral (principios que regulan la pertenencia a un grupo) (Moratalla, 2006). Indica que el reconocimiento de todos los integrantes de una sociedad no está dado por su marco de creencias religiosas o valores morales particulares sino por la pertinencia a una sociedad con la que comparte una historia común, un marco legal que define su condición de ciudadano con libertades y derechos sin que un grupo particular le imponga sus valores o su visión de mundo. La laicidad ha sido un proceso histórico tanto en su dimensión política como jurídica a través de separar la legitimidad del Estado respecto a las Iglesias y de reconocer los derechos de los ciudadanos sin que se imponga una visión particular así la educación ha sido un ámbito para lograr este objetivo de construir una legitimidad política y jurídica del Estado. (Salguero, 2015)

La mayoría de los procesos de laicidad en las diferentes sociedades en América Latina refiere principalmente a la educación. En México, la primera referencia sobre la condición laica de la sociedad y el Estado está en el artículo 3° de la Constitución referente a la educación pública. La díada educación y laicidad ha sido estratégica para la definición de una moral cívica orientada a los marcos mínimos de respeto y confianza entre los individuos más allá de sus particularidades culturales, sociales o económicas. (Salazar, 2006, pág. 38)

Pero para los grupos religiosos la educación debe contemplar valores religiosos y morales que en su perspectiva la educación pública no contempla, de ahí su diagnóstico sobre el relativismo moral. Por ello han realizado presiones para que, a través de los padres de familia, se incluyan clases de ética y moral de acuerdo a los principios que ellos predican e invocan la libertad religiosa para participar en el diseño de los contenidos y actividades de las escuelas (Ramírez & Santana, 2020)

El objetivo de este texto es analizar la relación entre laicidad y educación en la formación ciudadana para el ejercicio de los derechos y libertades de las personas desde una moral cívica que facilita la convivencia social de lo múltiple y diverso. En el primer apartado se aborda la construcción de la ciudadanía desde el ámbito educativo y laico. En el segundo apartado hacemos un breve recuento de aspectos históricos que marcaron el derrotero de la educación laica en México y, en el último apartado referimos el debate sobre la presión contemporánea de grupos religiosos y de interés particular por participar en la educación pública invocando la libertad religiosa.

1.- Ciudadanía, Laicidad: la invención de la moral cívica.

Todo grupo religioso o con una moralidad particular supone una adhesión de sus integrantes a sus principios y dogma. Todo apunta a reforzar la creencia, práctica y pertenencia de sus miembros, comenzando con inculcar en ellos los valores y principios que habrán de legitimar las creencias, los símbolos y las prácticas, lo que implica que existe patrones educativos que van formando a las nuevas generaciones en los principios que no depende de los acuerdos entre las personas sino de mandatos que proceden de algo superior más allá cualquier voluntad individual. En este sentido, toda disidencia es vista como una ruptura que puede tolerarse en ciertos aspectos, pero de llegar a un punto de inflexión termina con la salida de los disidentes y señalados como apostatas. Un ejemplo de ello fueron las excomuniones en las comunidades católicas las cuales implicaban no sólo la exclusión de los rituales sino del grupo. En comunidades donde predomina una religión o un tipo de creencia particular formar parte del grupo consistía obedecer la doctrina y participar en los rituales, además de que no existía una distinción entre el espacio público o privado porque todo lo privado (conciencia, tu vida y tu familia) pertenecía al grupo (tradiciones, valores morales y autoridad) (Blancarte, Democracia y laicidad , 2022, págs. 45-47).

En cambio, en sociedades seculares (donde la religión no es ya el centro que articula la vida social y donde las dimensiones sociales se mueven de manera autónoma como la política, el derecho, la economía, etc.) la exclusividad doctrinal tiene un problema porque la convivencia social en lo que se considera el espacio público ya no se por compartir los mismos dogmas sino por la convergencia de los distintos propiciados por los intercambios en el mercado, los contratos jurídicos que establecían un esquema de obligaciones y derechos más allá de los linajes, y de compartir una misma fe (Mallimaci, 2017). En este sentido, los que participaban en este espacio público provenían de diferentes culturas, creencias y tradiciones morales lo que hacía necesario establecer un marco de reconocimiento jurídico para los participantes asentados en un territorio que garantizará su identidad, sus bienes y su libertad como parte de la ciudadanía y para los que provenían de otros lugares se establecían reglas y garantías a sus intereses a partir del concepto de extranjería. Surge así el concepto de ciudadanía como una dimensión de pertenencia a un grupo , en condiciones de libertad e igualdad en la que pueden reivindicar su condición particular pero a la vez participar con los otros en la búsqueda de soluciones comunes (Salazar, 2006, pág. 45).

Este concepto de ciudadanía exigió en un primer momento tener un marco común jurídico y de convivencia política a través de una entidad que garantizará su cumplimiento como es el Estado. Esta entidad tendría entonces una estructura burocrática legal que reconociera su presencia y su autoridad tanto para proteger la libertad de los individuos en su participación en el espacio público como para obligar el cumplimiento de las leyes que no procedían de una entidad superior sino de un acuerdo entre los mismos individuos integrantes de esa colectividad (Blancarte & Veloz, La cuestión religiosa, 2015)

Pero, cómo lograr la legitimidad de tales acuerdos legales y respetar la convivencia política entre la diversidad de intereses y creencias sin invocar principios transcendentes o valores morales superiores dados por la tradición o el linaje de algunos individuos. Surge entonces la cuestión de una moral cívica artificial (no dada por leyes o mandatos divinos) que permitiera construir una legitimidad política y legal entre los mismos individuos a partir de la invención de tradiciones y símbolos profanos, derivados de acciones e historias de individuos que cohesionarán un sentido de pertenencia.

Hobsbawm (2002, pág. 16)señala que las tradiciones inventadas son un conjunto de prácticas simbólicas construidas socialmente para inculcar determinados valores o normas sociales que den sentido y legitimidad a una identidad compartida y conecte con un pasado que quizá nunca existió, pero le da coherencia al relato. Para el historiador inglés las tradiciones inventadas facilitan los procesos sociales en tres formas: a) simbolizan la cohesión social real o artificial; b) legitiman instituciones, estatus o relaciones de autoridad, y; c) definen marcos de creencia o convenciones que orienten los comportamientos. La construcción de una ciudadanía en el sentido político y legal requirió de estas tres formas para afianzar su legitimidad y la del Estado frente a la tradición religiosa que lo aventajaba en la tradición del pasado y la obediencia al mandato divino (Hobsbawm, 2002, págs. 17-18)

El horizonte de construcción de las tradiciones seculares puede encontrarse fundamentalmente en la educación laica a través de sus símbolos cívicos sin referencias religiosas, mejor dicho, de invocar un marco mitológico nacional sobre el cual se fundamenta el sentido patrio y la identidad colectiva en el terreno profano. Así podemos rastrear en México la invención de mitos fundacionales como la travesía azteca hasta llegar al Altiplano y encontrar un águila parada en un nopal devorando una serpiente, o la idea de Vasconcelos sobre la raza de bronce (mestizaje) y todos los símbolos de la cuestión precolombina y la imagen del mestizo en los murales de

Diego Rivera, David Alfaro Siqueiros, Clemente Orozco, entre otros (Linares, 2010, págs. 8-9).

Pero es la educación laica el ámbito por el cual se reforzará el marco mitológico y, sobre todo, la idea de la construcción de ciudadanía bajo dos aspectos centrales: la lealtad al Estado Nacional y un ética cívica que debe regir la cultura política de una sociedad bajo valores cívicos que, si bien podrán tener un referente religioso, su aplicación y puesta en escena obedece a marcos de confianza en las instituciones, las leyes y la confianza entre los mismos ciudadanos antes que a fuerzas trascendentes. Esto lo llegó a explicar con claridad Habermas en su debate con Ratzinger cuando este último pidió que Europa reconociera los valores cristianos en la cultura y política en sus sociedades. Habermas fue claro al señalar que el fundamento ético cristiano, así como el judaísmo y el islam formaban parte de la historia de la sociedad europea, pero que en la sociedad contemporánea las referencias valorales iban más allá de lo religiosos, asumiendo una dimensión secular de legitimidad del Estado y de los derechos y libertades de los propios ciudadanos (Habermas & Ratzinger, 2008, págs. 32-33)

De esta manera, la educación laica reforzó la mitología nacional y permitió invención de tradiciones cívicas alejadas de los referentes religiosos y con ello la construcción de una ética cívica que, si bien como señala Habermas, supone una base cristiana por la herencia del pasado evangelizador, lo ha secularizado en valores cívicos que permite definir una ciudadanía más allá de la creencia y de las herejías que supone discutir con otros credos (Habermas & Ratzinger, 2008, págs. 24-25).

La laicidad encuentra su expresión nítida no sólo en la separación normativa en el que las constituciones civiles se separan de las normas canónicas o teologales o de la separación de la legitimidad política del Estado respecto a cualquier poder superior o sobrenatural cualquiera sea su nombre: dios, energía, etc. La expresión nítida de la laicidad se fija en la construcción de una cultura política en la que los ciudadanos fijan su confianza, reconocimiento y participación entre los mismos ciudadanos y con el Estado (Blancarte, Culturas e identidades, 2010). Y esto sólo es posible a través de un proceso de formación que se aprende en la escuela como centro de construcción de la ciudadanía. De ahí que la educación pública sea también laica: pública porque conjunta en sus contenidos y espacios lo que los integrantes de la sociedad convienen que es lo que los ciudadanos deben aprender, laica porque los fundamentos de dichos contenidos y espacios se deben fundamentar en los conocimientos científicos y desde una perspectiva crítica sin invocaciones a figuras trascendentes que enarbolen a unos u otros ciudadanos.

2.- Disputas históricas, educación laica o educación religiosa en México.

La educación se convierte así en el terreno de la disputa de grupos religiosos, conservadores, pero también de grupos radicales que buscarían introducir sesgos ideológicos que, aunque no fueran de corte religioso, si pretenden adoctrinar a los integrantes de una sociedad anulando la diversidad y estableciendo una máxima moral e ideológica para todos o la exclusión de los disidentes (para los grupos radicales) y de los herejes (para los grupos religiosos) (Arrendondo, 2017, págs. 20-21).

En México, las disputas sobre la laicidad del Estado transitaron por el campo educativo desde la fundación misma de la república. Basta recordar que durante el periodo novohispano era la iglesia la que mantuvo un control patrimonial sobre el territorio, la recaudación de recursos mayores para la corona a través del diezmo, pero sobre todo la gestión pública de la vida cotidiana de los ciudadanos: nacimiento, muerte, matrimonios, rituales de pasaje, identidad, pertenencia a la comunidad, usos y costumbres, festividades (García, Poder político y religioso. México siglo XIX Tomo I (1825-1860), 2019). La educación estaba a cargo de las órdenes religiosa, ya fuera para los nobles aprendiendo latín o para los de clases bajas aprendiendo oficios. Quizá en este último aspecto fueron los franciscanos y dominicos los que destacaron en su labor social. Por tanto, podemos decir que la cultura política, los marcos valorales y las relaciones sociales estaban profundamente marcadas por la religión (Martínez, 2007).

En la etapa post–independentista, lidereada por religiosos como Hidalgo y Morelos, fue notable que en la primera constitución del Estado mexicano – Constitución de Apatzingán de 1824 impulsada por Morelos – se fijó la religión católica como la oficial del país (García, Poder político y religioso. México siglo XIX Tomo II (1861-1878), 2019). No fue hasta la Reforma de 1857 en el que el Presidente Benito Juárez promulgó las leyes que dotaban al Estado de un carácter laico al separar a la institución política de la religiosa a través de la expropiación de los bienes patrimoniales del clero, la creación del registro civil, los hospitales a cargo del Estado y el control de las escuelas ya en su carácter público aunque para este tiempo todavía muchas escuelas siguieron bajo gestión de las órdenes religiosas teniendo en cuenta la capacidad limitada del Estado en recursos y personal para operarlas (García, Poder político y religioso. México siglo XIX Tomo I (1825-1860), 2019). Además, un sector importante de la población continuó exigiendo que los valores religiosos – catecismo- no estuviera fuera del currículo, sobre todo en aquellos segmentos de clase alta en las distintas regiones del país. Más allá de las dificultades, el parteaguas que marcó la Constitución de 1857 fue fundamental para la construcción de ciudadanía y la legitimidad del Estado nacional en la etapa formativa de los alumnos y la invención de tradiciones cívicas seculares tales como la independencia nacional, el pasado prehispánico y la definición de la patria en un contexto de intervenciones extranjeras (Linares, 2010, pág. 16).

No será hasta 1917 en el que la Constitución mexicana señale con énfasis la importancia de la educación laica como fundamento de la legitimidad de la República, es decir, la única mención explícita a la laicidad hasta la reforma del 2012 en el que en el artículo 40 se reconoció el carácter laico de la República, fue en el artículo 3° constitucional que definió la educación pública y laica (Gálvez, 2017, pág. 208) (Wójtowicz-Wcislo, 2016) (Comboni & Juárez, 2016). Como se señaló, la educación laica fue en gran parte el andamiaje legítimo de la República porque en ese artículo dio pauta a leyes y normativas sobre los símbolos patrios y los rituales en la formación de los alumnos, los contenidos respecto al civismo y la importancia de la nación como referente en la definición de la ciudadanía y, sobre todo, la invención de tradiciones históricas en el que los derroteros históricos siempre estuvieron marcados por la defensa de la patria y la entrega de los héroes nacionales a una causa social mayor denominada México, aun cuando en la historicidad de los sucesos previos a la Independencia Nacional la noción de Estado Nacional mexicano no existía ni siquiera estaba en el horizonte en el pensamiento de esa sociedad. Pero recordemos que cada sociedad busca incidir en la identidad a través de tradiciones inventadas (Hobsbawm, 2002).

A lo largo del siglo XX podemos encontrar entonces las tensiones en el campo educativo entre una educación pública de carácter laico y las presiones de sectores sociales que buscaron incluir valores religiosos y morales en los contenidos, textos y prácticas en los ámbitos educativos. La finalidad de una educación laica era, y aún lo es, formar el pensamiento científico de los alumnos desde una perspectiva crítica para explicar y comprender el mundo (Vicencio, 2019). Dicho marco general científico promueve espacios de diálogo y reconocimiento a partir de la razón y de los argumentos más allá de los dogmas y valores particulares de unos sobre otros. Bajo esta premisa puede definirse que la inclusión y reconocimiento en los espacios escolares no se da por pertenecer, creer o practicar, antes bien promueve la capacidad de argumentar, escuchar y participar en los distintos temas escolares, lo que a futuro permite construir una agenda pública donde la dimensión ciudadana habilita la capacidad de discutir, opinar y acordar bajo parámetros de discusión lógica y de reconocimiento de los derechos y libertades. Con ello la educación laica se vuelve un proyecto social de promoción de derechos y libertades más allá de la creencia, principios de fe que se profesan, que para ello existirán otros espacios comunitarios, religiosos o privados en los cuales se pueda ejercer (Gálvez, 2017) (Gálvez, 2017).

Fueron las reformas legislativas al Estado laico de 1992 y 2012 las que vuelven a poner en el debate público las tensiones de los grupos religiosos por incidir en la educación pública. En la reforma de 1992 se reconoció la personalidad jurídica de las asociaciones religiosas (art.130) y de los ministros de culto, reconocimiento que como religiosos no tenían más allá de su calidad de ciudadanos. Otro aspecto que también fue importante en dicha reforma fue la de posesión de bienes inmuebles y el patrimonio que las iglesias podían registrar como propi excepto los templos que siguieron siendo parte del patrimonio nacional (Art. 27) ¿Cuál es el punto en la reforma de este año que volvió el tema de la escuela centro de debate? En principio fue el reconocimiento de las iglesias a regular y gestionar sus propios centros educativos que de facto ya lo realizaban y en los cuales se impartían clases de ética y valores acorde a los principios de las iglesias dueñas de las escuelas (Arredondo & González, 2012). En el contexto del reconocimiento de la personalidad jurídica de las iglesias, los grupos religiosos (cristiano de distinto signo, pero particularmente católicos) presionaron para que los religiosos fueran reconocidos como tales en la función de docente sin tener que simular el registro como profesores seculares y, de igual forma, reconocimiento oficial de los materiales escolares referente a los contenidos éticos. La presión en estos dos aspectos se dirimieron un tanto en la opinión pública, así como en el en los círculos legislativos y en los pasillos de la Secretaría de Educación Pública, aunque sin conseguir los objetivos propuestos (Gálvez, 2017).

Para la reforma del 2012 el reto fue mayor pues la educación laica fue cuestionada bajo los siguientes argumentos, pero antes ¿Cuáles fueron esas reformas en materia de laicidad en ese año? La primera fue el reconocimiento del Estado mexicano como Estado laico, referencia que en el texto constitucional sólo aparecía en el tema de la educación (Artículo 3°), lo que permitía definir que toda política pública del Estado tendría que estar en sintonía en el marco de la laicidad, es decir, en el reconocimiento de la voluntad general de los ciudadanos para definir la agenda pública sin intervención de ningún grupo particular que intentará imponer sus creencias y valores morales, religiosos y éticos a la sociedad. Pero en esa misma reforma constitucional se modificó el tema de la libertad religiosa (art. 24) ampliando la participación y reconocimiento de los creyentes y asociaciones más allá de la libertad de cultos (Vicencio, 2019).

Pero ¿Qué significaba ampliar la participación de lo religioso en lo público? ¿Los creyentes podrían incidir en los contenidos educativos y en los temas de salud desde su moralidad y principios de fe o en su caso, que las asociaciones religiosas participarán en las políticas públicas? Estas preguntas quedaron sin respuesta pues el artículo como fue redactado no definió los límites de la libertad religiosa, ya sea para los creyentes y/o para las agrupaciones de fe, lo que dará pauta a una tensión en varios frentes: salud, política, temas electorales, pero particularmente en el tema de la educación que es el eje de este texto. En el siguiente capítulo analizaremos la tensión que la reforma sobre la libertad religiosa abrió entre libertad religiosa y libertad de conciencia en la educación laica y su consecuencia en la construcción de ciudadanía desde una moral cívica.

3.- Educación laica, la construcción de una moral cívica frente a los particularismos.

El gran desafío para la educación laica en el mundo contemporáneo, es decir, para el siglo XXI no fue ya el de la separación institucional entre el Estado y los grupos religiosos o de interés particular, ni siquiera el tema de excluir los temas morales y de doctrina de los contenidos educativos y los símbolos religiosos de los espacios escolares. El desafío ahora se presentaba en la ponderación de derechos que la reforma colocó en el centro del debate de la educación laica: libertad de conciencia y libertad religiosa (Moratalla, 2006, pág. 74).

Para los grupos religiosos y de interés particular vieron en la reforma del artículo 24 la posibilidad de invocar la libertad religiosa para que los padres decidan el sentido de valores y conocimientos de sus hijos en la escuela y de los grupos religiosos para llevar sus principios a las escuelas a través de diálogos, presentaciones y libros, e incluso, participar en el diseño de contenidos sobre valores elaborados por las iglesias y pagado con recursos públicos. La invocación de la libertad religiosa era en dos sentidos: la libertad de educar de los padres y la inclusión y representación de las comunidades religiosas en los ámbitos educativos, sobre todo en temas del cuerpo, la familia y la vida, es decir, sexualidad, tipos de convivencia y la decisión sobre la concepción y la decisión final de la existencia, todo desde una moral dictada por los principios religiosos tendientes al conservadurismo y cerrada a otras expresiones de la diversidad cualquiera que fuera esta: otras creencias, género, identidad étnica, incluso extranjería (Ramírez & Santana, 2020). En este contexto se inserta el movimiento que surge desde España pero que adquiere una dinámica propia en América Latina como el *"Pin Parental"*, movimiento que pretendió afirmar la potestad de los padres sobre sus hijos en su proceso de formación escolar, decidiendo los contenidos educativos acordes a sus principios y valores, evitando que el Estado "adoctrinara" con otras ideas o conocimientos contrarios a sus creencias e ideas. El *Pin Parental* en México fue un movimiento que promovió la auditoria de los padres a los procesos educativos bajo la bandera del movimiento conservador "Con mis hijos no te metas" apoyada por el Frente Nacional por la Familia. El movimiento del *Pin Parental* presionó en las ciudades capitales de las entidades federativas con sociedades conservadores como Nuevo León, Aguascalientes, Guanajuato, Querétaro, lo que revela que su zona de influencia fue limitada a ciertas regiones y en contextos urbanos donde se buscó incidir en la clase media para pedir a los gobiernos locales su intervención en el tema, sabiendo de antemano que las políticas educativas sobre contenidos y marcos pedagógicos son de competencia federal y no estatal (Gonzáles, Rivera, & Guerra, 2020).

En el otro sentido del movimiento del *Pin Parental*, los grupos identificados como liberales o progresistas vieron en el art. 24 un derrotero distinto al de la libertad religiosa. Para ellos el énfasis estaba en la defensa de la libertad de conciencia como un derecho ponderado por encima de lo religioso, es decir, la formación cívica a partir de garantizar los conocimientos científicos y no de creencias, de la libertad de información y participación sin censura más allá de la verificación de los datos o fuentes consultadas. Para estos grupos, la libertad de conciencia es una condición *sine quo non* en la educación, pues a través de su ejercicio es que puede definirse la ruta para una ciudadanía que no sólo se circunscriba a la identidad nacional y la legitimidad del Estado Nacional. En la defensa de la libertad de conciencia se define la posibilidad del dialogo con los otros que son diferentes y la inclusión de otras formas de convivencia social que la sociedad contemporánea exige al compartir un mundo interconectado (Pérez & Patiño, 2021).

Las reformas constitucionales del artículo 24 que se realizaron en el del siglo XXI definieron rutas distintas y en tensión que tuvieron consecuencias para la educación laica en México. La libertad religiosa frente a la libertad de conciencia como si fueran antagónicas cuando en la lógica de los derechos y libertades serían complementarias y progresivas, complementarias en torno a dos ámbitos, en la escuela la libertad de conciencia, en la familia, grupos religiosos y comunidades la libertad religiosa. Al final en el espacio público los ciudadanos discutirán los asuntos bajo los principios de la racionalidad del diálogo democrático y no de creencias. La ciudadanía, desde la laicidad, adquiere una dimensión política en el espacio de la educación pública, donde la escuela es el centro vital para la formación ciudadana de un país.

Conclusiones

La construcción de ciudadanía en la sociedad moderna ha seguido el derrotero político de definir una moralidad cívica que permita el diálogo y la inclusión de lo diverso en un contexto democrático. La laicidad como proceso de distinción entre la política y el derecho de la religión, donde la voluntad general de una sociedad no es la voluntad de una mayoría sino el acuerdo de los ciudadanos por definir lo que se considera debe resolverse y proyectar para la sociedad, teniendo en cuenta la pluralidad, la visibilidad y garantía de los derechos de las minorías. En síntesis, es un marco democrático, tanto normativo (derecho) como en el espacio de deliberación pública (política), en el que la razón deliberativa entre ciudadanos en condiciones de igualdad pueden acordar y debatir sin que exista un argumento de superioridad moral o religiosa o la invocación de fuerzas supra sociales o trascendentales que se intenten colocar como las únicas y verdaderas a todos los miembros, sean creyentes o no, compartan o estén en desacuerdo con tales invocaciones.

La construcción de esa moral cívica es posible desde la educación pública, impulsada por y desde el Estado que define las líneas educativas de conocimientos científicos pero también de la identidad y valores seculares que permiten reconocer y garantizar los derechos y libertades ciudadanas. Pero también ese mismo ámbito educativo ha sido objeto de disputa por parte de grupos con visiones particulares del mundo y que enarbolan la autoridad moral de tutelar las relaciones sociales, políticas y la gestión de las normas bajo la premisa de principios superiores. Para ellos la educación debe inculcar en los niños estos principios para que internalicen en su personalidad y en sus redes sociales de convivencia lo que se considera es moralmente correcto. No es gratuito entonces que la educación desde la instauración de la república haya sido un campo de disputas y tensiones entre el Estado, los grupos sociales con intereses particulares, la iglesia católica como agente político y social predominante y otras denominaciones religiosas que fueron incorporando su visibilidad en el espectro político en el siglo XX y XXI.

La invención de la moral cívica fue importante en la consolidación de las sociedades democráticas. Los rituales cívicos, símbolos patrios, la narrativa histórica de los derroteros políticos, y particularmente los contenidos educativos científicos y aprendizajes críticos que facilita a los niños y adolescentes en educación básica simulan escenarios de diálogo, tensiones y resoluciones que habrán de enfrentar en su etapa como ciudadanos con plenos derechos.

Referencias

Arredondo, A., & González, R. (2012). La educación laica en las reformas constitucionales, 1917-1993. *Revista Pensamiento Universitario* , 49-55.

Arrendondo, A. (2017). Educación laica en América Latina y el Caribe. *Historia Caribe, XII*(30), 15-23.

Blancarte, R. (2010). *Culturas e identidades* (Primera ed.). México: El Colegio de México.

Blancarte, R. (2022). *Democracia y laicidad* . México: Instituto Nacional Electoral .

Blancarte, R., & Veloz, M. (2015). La cuestión religiosa. En J. Saldaña, C. Pérez, & A. Patiño, *Libertad religiosa, laicidad y derechos humanos. A veinticinco años de las reformas de 1992.* México : Instituto de Investigaciones Jutídicas-UNAM .

Comboni, S., & Juárez, J. M. (2016). La Constitutcion de 1917 y su influencia en la educación nacional contemporánea. *Argumentos. Estudios Críticos de la Sociedad,* 43-67. Obtenido de La Constitutcion de 1917 y su influencia en la educación nacional contemporánea

Gálvez, M. (2017). La libertad religiosa en México: las reformas en México de 1992 como base para el fin del laicismo . En G. Garduño, & M. Gálvez, *La Constitución Mexicana de 1917: estudios jurídicos, históricos y de derchos comparados a cien años de su promulgación* (págs. 203-229). México : Instituto de Investigaciones Jurídicas-UNAM .

García, M. (2019). *Poder político y religioso. México siglo XIX Tomo I (1825-1860).* México: Instituto de Investigaciones Sociales-UNAM.

García, M. (2019). *Poder político y religioso. México siglo XIX Tomo II (1861-1878)*. México : Instituto de Investigaciones Sociales-UNAM .

Gaytán, F. (2020). Conjurar el miedo: El concepto Hogar-Mundo derivado de la pandemia COVID-19. *Revista Latinoamericana de Investigación Social,* 22-26. Obtenido de https://revistasinvestigacion.lasalle.mx/index.php/relais/article/view/2635

Gonzáles, R., Rivera, L., & Guerra, M. (2020). *EL Pin Parental. Cuadernos de Batalla 2*. México: Editorial Fray Bartolomé De Las Casa A.C. .

Habermas, J., & Ratzinger, J. (2008). *Entre razón y religión: dialéctica de la secularización.* México: Fondo de Cultura Económica.

Hobsbawm, E. (2002). *La invención de la tradición.* arcelona : Crítica.

Linares, Ó. (2010). De héroes, naciones milenarias y guerras fratricidas. Tres mitos fundacionales en tres relatos historiográficos de la nación mexicana. *Revista Folios*(32), 7-22.

Mallimaci, F. (2017). Modernidades religiosas latinoamericanas. Un renovado debate epistemológico y conceptual. *Revista Caravelle*(108), 15-33.

Martínez, V. (2007). La preponderacncia religiosa en la educación en la época colonial. *XI Jornadas Inter-escuelas/Departamentos de Historia*. San Miguel de Tucumán : Universidad de Tucumán .

Molina, M. (2015). Pasado y presente de la laicidad en México. En E. Velasco Ibarra Argüelles, *El Estado laico mexicano: un ideal deslucido en busca de sentido* (págs. 33-55). México: Instituto de Investigaciones Jurídica-UNAM.

Moratalla, A. (2006). Las fuentes morales de la ciudadanía activa. Laicidad democrática y convicción religiosa en la educación moral. *Veritas. Revista de filosofía y Teología, I*(14), 73-95. Obtenido de https://www.redalyc.org/articulo.oa?id=291122934004

Pérez, C., & Patiño, A. (2021). *Libertad religiosa, laicidad y derechos humanos. A veinticinco años de las reformas de 1992*. México : Instituto de Investigaciones Jurídicas-UNAM.

Ramírez, E., & Santana, E. (2020). Restos e implicaciones de los padres y maestros en la educación básica del siglo XXI. *Revista A&H*(12), 114-129.

Salazar, P. (2006). Laicidad y democracia constitucional. *Isonomía: Revista de Teoría y Filosofía del Derecho*(24), 37-50.

Salguero, Ó. (2015). Espacio público y privado en el contexto del pluralismo religioso: minorías religiosas en Granada y su área metropolitana. *Biblio 3W. Revista bibliográfica de geografía y ciencias sociales, XX*(1.115), 1-26. Obtenido de http://www.ub.es/geocrit/b3w-1115.pdf

Vattimo, G., & Rovatti, P. A. (1995). *El pensamiento débil*. Madrid : Cátedra .

Vicencio, T. (2019). Estado laico y federalismo en México. *Revista Mexicana de Sociología, 81*(1), 179-208.

Wójtowicz-Wcislo, M. (2016). El concepto de la laicidad en el contexto de cambios constitutcionales recientes en materia de religión y polítca en México . *Anuario Latinoamericano-Ciencias Políticas y Relaciones Internacionales* , 107-124.

Agencia colectiva e incidencia social desde las Comunidades Eclesiales de Base en el Estado laico mexicano

Jorge Valtierra Zamudio
Universidad Autónoma "Benito Juárez" de Oaxaca

Mario E. López-Gopar
Universidad Autónoma "Benito Juárez" de Oaxaca

1. Introducción

La actividad pastoral cristiana en América Latina tuvo grandes transformaciones durante el siglo XX. Esto se explica a partir de tres situaciones históricas principales. En primer lugar, destaca la coyuntura política y social durante la Guerra Fría, momento en que aumentó la participación e involucramiento *in situ* de religiosos y laicos ante una flagrante desigualdad social y económica en la región. En segundo lugar, una transformación en la cartografía sociorreligiosa a raíz de la proliferación de comunidades religiosas no católicas que llegaron a contrastar con una posición más conservadora del catolicismo (Bastián, 2011)[20] y, finalmente, una reforma

20. Jean-Pierre Bastian explica que a partir de la década de 1970 existen muchos estudios que tratan de explicar la proliferación de muchos grupos cristianos no católicos en América Latina como una consecuencia del imperialismo estadounidense y la CIA. Estas sectas eran vistas como una estrategia durante la Guerra Fría desde el decenio de 1950 para combatir las ideas comunistas y socialistas en contra de las Comunidades Eclesiales de Base católicas que expresaban el catolicismo popular. Pero sólo son teorías como el hecho de ante una pérdi-

que fue vista como radical al interior de la Iglesia católica, es decir, el Concilio Vaticano II (en adelante CV II), celebrado entre los años 1962 y 1965.

Este último evento generó particularmente una transformación en el catolicismo que, sin embargo, no sólo reconfiguraba la estructura de su corpus canónico e institucional. Cierto es que se le puede ver al CV II como un evento que actualizaría al organismo eclesiástico para acercarse a la realidad social y comprometerse con los menesterosos, como ya lo habían hecho muchas comunidades evangélicas, en el marco de una serie de situaciones que afectaban al mundo entero durante la Guerra Fría (Altman 2017 y Ceriani y Citro, 2005). Paralelo a los cambios (*aggiornamento*) de la Iglesia y la pastoral católica también se desarrolló una fuerte resistencia a esta transformación por parte de miembros del clero —por lo general del alto clero— y la feligresía católica más conservadora.

Ahora bien, si se deja a un lado estas reacciones y el peligro que representaba el CV II, y, por el contrario, se centra la discusión en un sector eclesiástico y laico que era favorable al CV II, se puede ubicar una buena cantidad de religiosos y laicos comprometidos en pos de la liberación del oprimido y el pobre, es decir, aquel que había sido "injustamente despojado de aquello que le corresponde y le pertenece, pues quienes carecen de los bienes de este mundo es que han sido despojados por los que tienen más de lo que necesitan porque la tierra es para todos" (Castillo, 1991, p. 141).

da de valores o anomia, propiciada por la globalización que afecta al campo religioso, así como factores económicos, políticos y religiosos intrínsecos a la población latinoamericana, en particular la población desfavorecida, es como se explica su adherencia a los nuevos movimientos religiosos (2011).

La persona necesitada, así como está definida arriba, intenta sobrevivir en un escenario caracterizado por situaciones de explotación, injusticia y exclusión debido a las políticas que implementaban los Estados, los modelos económicos y sociales, tanto globales como locales, basados en intereses muy particulares y de unos pocos (élites). En este punto es en donde se vincula el cristianismo y su labor de liberar a los desfavorecidos con la realidad, por lo que se convierte en un punto nodal en la agenda de la Iglesia posconciliar.

Parte de esta labor es lo que se ha identificado como liberacionismo a través de la llamada Teología de Liberación (TL) —como se popularizó el término a partir de los trabajos de Gustavo Gutiérrez y Hugo Assman— que, de manera muy general, buscaba liberar a aquel que padecía una situación de opresión y pobreza en contraste con individuos o sectores sociales numéricamente reducidos, pero con cuantiosos privilegios. Sin embargo, el método para hacerlo no era a través del conflicto, como se le ha atacado desde sectores más conservadores. Desde la perspectiva de la TL se argumenta que los actores del conflicto recaen precisamente en la figura del Estado y los sectores privilegiados que han propiciado las situaciones de desigualdad y que, por lo tanto, no comulgan con los principios del cristianismo (Castillo, 1991).

Desde la pastoral católica la manera de terminar con esta situación de desigualdad no era por medio del adoctrinamiento, sino del acompañamiento en la liberación. Sin embargo, el problema no es cómo hacerlo, sino identificar las características de las personas a las que debe acompañarse. Así, la TL en realidad no se centra en el marco de la intelectualidad eclesiástica, sino en una praxis que hacía la diferencia entre contenidos conceptuales o académicos, y el contexto y militancia en que la realidad social se define (Tahar-Chaouch, 2007).

En el entendido que la TL, más que la liberación del pobre y el oprimido, se define a partir de generar conciencia y transformar la realidad social, el protagonismo recae en estricto sentido en los religiosos, religiosas y la feligresía católica que eran testigos de una situación configurada por la diversidad cultural e identitaria, la desigualdad y la injusticia social. De esta forma, la noción de pobre y oprimido, como conceptos esenciales cuando se lee acerca de a TL, sintetizan y con ello invisibilizan a las personas y sus particularidades.

Dicho lo anterior, la realidad social que busca transformar el liberacionismo destaca por la diversidad de realidades y formas de expresión cultural e ideológica que la conforman, y que han sido atacadas por una sistemática exclusión y explotación desde las políticas de los Estados y los grupos de poder. Así, la gran diversidad sociocultural en América Latina no podía resolverse bajo el concepto de una *Iglesia de los pobres* o con una definición osificada de TL atrapada en la época y método de la década de 1970, sino con una praxis desde abajo abierta al mosaico multicolor configurado por los grupos culturales en el subcontinente, y que incidan en los tiempos actuales.

En este tenor la situación a resolver se relaciona con el término de *incidencia social* (Hernández, 2009). Vinculado a este concepto, la TL en América Latina y su proyección a la actualidad implica, en palabras de Frei Betto (1982), una "[Iglesia] que participa del proceso de liberación del pueblo latinoamericano a partir de su misión específica y su compromiso con las clases populares, por lo tanto, rompiendo con los intereses y privilegios de las clases dominantes" (p. 2).

De esta forma, uno de los dispositivos más eficientes para incidir socialmente y que siguen existiendo en la actualidad son las Comunidades Eclesiales de Base (CEB), es decir, "pequeños grupos organizados en torno de la parroquia (urbana), o de la capilla (rural), nacidas por iniciativa de laicos, sacerdotes u obispos" (Betto, 1982, p. 5), los cuales están conformados por algunos miembros que comparten la misma fe y los problemas de supervivencia. Esto, para complementar con una noción más actualizada de las CEB, es una manifestación de educación social y compromiso político (Graffe, 2018).

Es de vital importancia abordar este tema que, lejos de tratarse de estructuras y dispositivos que se quedaron en el pasado, en la actualidad continúan con una actividad importante de liberación en un contexto distinto al de la Guerra Fría, pero similar en cuanto a una situación de desigualdad social.

En este capítulo, el enfoque estará en la incidencia social a través de las CEB como un espacio e instrumento para la acción pastoral cristiana —aunque en este capítulo el enfoque estará exclusivamente en el cristianismo católico— para enfrentar y proponer distintas vías ante un ambiente de injusticia social.

Así, en un primer apartado se explica el contexto en el que las CEB surgen, desde la *Iglesia social* y la *Iglesia liberadora*, así como la forma en la que trabajan las CEB desde su punto más visible en la década de 1980 y las posteriores al término de la Guerra Fría. Posteriormente, cómo se ha dado la transformación de esta actividad pastoral en México a través de lo que se ha entendido como incidencia social, posicionando y definiendo el papel de la pastoral católica y su cooperación con instancias gubernamentales. Para culminar, se expone la apuesta de una actividad pastoral desde estructuras como las CEB en contextos de marginación social y respetuosa de la diversidad religiosa y la laicidad en países como México.

2. De la Iglesia tradicional a las Comunidades Eclesiales de Base

2.1. La transformación de la Iglesia tradicional

Abordar el tema de la Iglesia católica desde su creación y su papel social, político y económico en el mundo sería esencial para comprender no solo buena parte de la actividad pastoral y su transformación en la actualidad, sino para tener una mirada más aguda acerca del llamado mundo occidental que no se define únicamente por eventos históricos como la ilustración, la Revolución industrial y el Estado-nación. Desafortunadamente el reducido espacio con el que se cuenta hace imposible detenerse en estos rasgos. Lo que sí se puede hacer, con el riesgo de no dejar claro otros aspectos, es destacar que el cristianismo a través de lo que hoy se conoce como Iglesia católica no se enfoca únicamente en una divinidad ultraterrena y trascendente, sino también en un mundo material, social y terrenal.

Durante mucho tiempo, desde la Europa medieval y moderna, y más recientemente en diferentes regiones del mundo como Latinoamérica, la Iglesia ha sido un organismo determinante para el funcionamiento de la sociedad y la toma de decisiones políticas globales y locales. En tiempos más recientes una prueba de que la Iglesia católica y las comunidades religiosas de otras denominaciones se involucran en terrenos sociales y políticos, no se observa solo en su participación en la agenda política o la presión que éstas ejercen en el Estado para salvaguardar lo que desde su perspectiva se entiende como moral y valores, sino también en su agencia a través de entidades que han forjado, apoyado o, por lo menos, influido; que luchan a favor de los derechos humanos y por una sociedad más justa.

Existen muchos ejemplos de este tipo de labor. La atención a personas en situaciones de vulnerabilidad como los migrantes (pastoral de la movilidad), las mujeres que sufren violencia, las personas con adicciones o que sufren situaciones de exclusión y discriminación, como es el caso de los indígenas, y un sinfín de acciones sociales en áreas diversas como la salud, la ecología, la salud mental, la soberanía alimentaria, entre otras.

Desde la segunda mitad del siglo XX estas actividades que presentaban más características asistencialistas han ido modificando sus métodos con el propósito de que los grupos en situaciones de vulnerabilidad a quienes se atiende lleguen a ser en un corto plazo autosostenibles y autosuficientes. Pero es claro que lograr esto ha sido consecuencia de una larga historia que, en el caso del catolicismo, se concentra en un proceso de concienciación social, que surge a finales del siglo XIX.

El origen de estos cambios en la acción pastoral y una atención de la Iglesia católica hacia los sectores de la base o "desde abajo" se sitúa a finales del siglo XIX. En la encíclica *Rerum Novarum* (1891), durante el pontificado del papa León XIII, la Iglesia católica mostró una postura que simpatizaba con la "clase trabajadora". Cabe aclarar que esto no significaba una transformación de la Iglesia orientada hacia el socialismo; antes bien, representaba una tercera línea ideológica opuesta al socialismo, que "arrebataba las masas a la Iglesia" (Blancarte, 2012, p. 23), y contraria al liberalismo económico.

Esta posición eclesiástica conocida como Doctrina Social Católica (DSC), implicó un cambio profundo antes del CV II, al tratarse de una Iglesia con una mirada más centrada en el mundo terrenal y actual. Blancarte (2012) consideraba, por otro lado, que la Iglesia en ese entonces tenía un interés que trascendía lo social, pues se defendía, por un lado, de las tendencias de las revoluciones burguesas a lo largo del siglo

XIX y que, con una postura ideológica liberal, iban robusteciéndose y amenazando "los valores y el orden establecido en las mismas potencias católicas" (p. 23). Pero también el socialismo significaba una amenaza, pues era concebido como un subproducto del liberalismo que también amenazaba los intereses de la Iglesia. De esta forma, señala Blancarte (2012), la "Iglesia Social" y la DSC eran una tercera postura que rompía con el esquema bipolar "liberalismo-socialismo" que se expandía por Europa y el mundo.

Así, la *Rerum Novarum* pudo haber llegado a ser vista como una posición crítica de la Iglesia hacia distintos gobiernos y sectores empresariales que propiciaban una desigual distribución de la riqueza, pero lejos estaba aún de una acción crítica y social, al menos fuera de Europa. Por ejemplo, en Latinoamérica, durante la primera mitad del siglo XX, la presencia e influencia de la *Rerum Novarum* fue inevitable. Particularmente, en México, un país que se diferenciaba de otros por su reforma decimonónica que limitó la acción de la Iglesia en terrenos que no fueran estrictamente espirituales, hubo una gran tensión entre el Estado y la Iglesia, pero a finales del siglo XIX y principios del XX la relación entre ambos entes fue armónica.

En este periodo en que gobernó casi de forma ininterrumpida Porfirio Díaz (1976-1911), su política con el clero se caracterizó por ser conciliadora. Por un lado, al gobierno le interesaba la influencia que la Iglesia tenía sobre la gente y que podía aprovecharse para tranquilizar los ánimos que durante ese periodo en cualquier momento había levantamientos. Por otro lado, a la Iglesia le interesaba mantener algunos de los privilegios que gozaba antes de las reformas juaristas.

Aun así, la influencia de la *Rerum Novarum* se presentó, aunque de forma un tanto tibia o por lo menos no con una posición tan crítica, de tal forma que esto pudiera menguar su buena relación con las autoridades gubernamentales. Es claro que el gobierno mexicano con una ideología que se reflejaba en políticas liberales que podrían ser concebidas como anticlericales (Bastian, 2011), no llegaron a ser cuestionadas por la Iglesia social, salvo algunas expresiones que señalaban el maltrato de los trabajadores en fábricas y haciendas (Campbell, 1976).

Mucho tiempo después —a pesar de acontecimientos como la Guerra Cristera en México (1926-1929)[21]— puede señalarse que la influencia de una Iglesia social fue creciendo y transformándose hasta presentar una línea pastoral que se orientaba a contrarrestar la opresión representada en el opulento. Es claro que el asistencialismo llegaba a ser criticado y poco a poco se buscaría diluirlo. La presencia de una fuerza renovada por parte de una generación de religiosos, religiosas y feligreses más jóvenes, incluso poco antes del CV II, creaban espacios que sentarían las bases de una pastoral liberadora.

A propósito de esa pastoral liberadora, lo que se denomina en este texto *liberacionismo* se relaciona con lo que se conoce como Teología de la liberación. Esta TL para Dussel (1995) se da desde el año de 1930 en lo que él denomina época neocolonial. Es por este motivo que la TL

21. Debe aclararse que este periodo de la Cristiada es una situación excepcional en América Latina, pues el movimiento cristero venía inspirado desde un sector conservador en contra de un gobierno identificado, sin mucha claridad en el término, como simpatizante del socialismo, que correspondió a Plutarco Elías Calles. Sí hubo una acción eclesiástica obrera y campesina, más con tintes asistencialistas que, con el tiempo, sobre después de la década de 1960 se manifestaría como un ala eclesiástica más orientada a la izquierda; antes de eso, aún prevalecía una postura más tradicionalista (Campbell, 1976 y González, 2023).

podría relacionarse con la etapa de la DSC,[22] es decir, la TL es resultado de la transformación de la DSC. Sin embargo, la noción de una Iglesia liberacionista o TL no es sólo una característica de la Iglesia como organismo sino, como advierte Dussel, "una teología que no nace en la academia, sino en el fragor de la lucha misma" (Dussel, 1995, p. 42). Podría pensarse, entonces, en una naturaleza dual de la TL: una que implicaría una radicalización de la DSC y otra de corte intelectual que al cabo va a fundamentarse y convergir con la primera.

Una postura interesante, además de la de Dussel, sobre el origen y desarrollo de la TL está en Phillip Berryman (2014), quien al igual que Dussel coincide en que el punto de partida de la TL fueron las revoluciones de emancipación colonial en Iberoamérica, pues su motivo de lucha por alcanzar la libertad resultó en pocos beneficios para las masas que participaron y se sacrificaron; en lugar de eso, la opresión gestada por los peninsulares sólo pasó a manos de criollos y mestizos, dando pie a la llamada neocolonización.

Durante el siglo XX, a la par de la Iglesia social, surgían espacios de discusión y reflexión sobre lo que pasaba en el mundo. En América Latina, en Río de Janeiro (1955) se organizó un evento en donde se reunieron diversos obispos latinoamericanos a través de la Conferencia Episcopal Latinoamericana (Celam). Aquí se trataron asuntos que preocupaban en ese entonces a la Iglesia católica. Uno de éstos era la proliferación del "protestantismo" y, además de la expansión del comunismo y el secularismo, la situación social problemática que había en América Latina (Berryman, 2014). Sin embargo,

22. Dussel explica que la TL se origina desde Fray Bartolomé de Las Casas, pasando por varias etapas hasta llegar a una cuarta (necolonial) antes de la TL que se ubica en la segunda mitad del siglo XX (Dussel, 1995).

en el marco de la Guerra Fría, desde la década de 1960, la evidente crisis social en el continente fue motivo para que algunos miembros de la Iglesia católica empezaran a repensar su papel como religiosos de forma que pudieran incidir en una transformación de esa realidad.

Ciertamente, la celebración del CV II iniciado por el papa Juan XXIII y culminado por Pablo VI, fue un evento histórico primordial en el cambio de la pastoral católica, pero también lo fue una posición crítica desarrollada desde abajo y desde distintos sectores como el campesino, el obrero, el del bajo clero, el del magisterio y otros gremios estratégicos que simpatizaban con la lucha revolucionaria de movimientos exitosos como la Revolución cubana. Aunque es claro que no en todos los casos se optó por una lucha violenta, sí hubo espacios de acción crítica que caminaban a contracorriente de los modelos e intereses del capitalismo rampante en América Latina, en donde el denominado en esa época como "Tercer Mundo", se impuso a la renuente atención de EUA, la URSS y Europa occidental, reclamando la garantía de derechos, la autodeterminación no únicamente de los Estados, sino de sus habitantes y el desarrollo de la nación (Wallerstein, 2011).

En síntesis, este intento de reconstruir *grosso modo* el contexto en el que surge y evoluciona una Iglesia tradicional hacia una Iglesia social y, posteriormente, a una Iglesia liberadora en el contexto latinoamericano, otorga a penas un panorama en donde se desenvuelven las CEB. Pero antes de abordar y explicar la pertinencia de éstas, es importante mencionar dos ejes que explican mejor el motor y origen de esta Iglesia liberacionista, lo que explica por qué se ha concebido como una Iglesia de izquierda, a la que se le ha adjudicado una base marxista, por lo menos desde los discursos del gobierno de los Estados Unidos, Roma y Europa occidental en general:

- El CV II. Es un eje primordial porque por vez primera en la Iglesia católica se abrió un espacio en el que se trataron problemas diversos que en otros momentos se consideraban radicales, debido a que los católicos, desde esta noción tradicional, debían mantenerse "en estado de gracia y alcanzar el cielo" (Berryman, 2014, p. 20). El CV II hizo hincapié en la naturaleza de una Iglesia heterogénea, que tampoco podía estar al margen de la coyuntura política e histórica, razón por la que la puesta al día, la actualización o *aggiornamento*, era una característica que permeó definitivamente en una acción pastoral centrada en: 1) dialogar con el mundo y las culturas, y 2) hacer una crítica al orden económico y político mundial, lo que inspiró a la encíclica *Populorum Progressio* de 1967.[23]
- Celam (Medellín 1968). Esta conferencia, a diferencia de la de Río de Janeiro de 1955, se enfocó en sintetizar el contenido del CV II y adaptarlo a Iberoamérica. Quizá los tintes más radicales se relacionan con la coyuntura mundial de revueltas y movimientos de oposición desde Praga, París, Chicago, Tlatelolco, entre otros, que en su mayoría se trataba de movimientos estudiantiles a los que se agregaron trabajadores y otros ciudadanos en contra de los regímenes

23. A propósito de esta encíclica, en donde no se señala abiertamente una llamado a la revolución, ni una acción de liberación del oprimido, dice en su párrafo 31: "[...] la insurrección revolucionaria, salvo en caso de tiranía evidente y prolongada, que atentase gravemente a los derechos fundamentales de la persona y dañase peligrosamente el bien común del país engendra nuevas injusticias, introduce nuevos desequilibrios y provoca nuevas ruinas. No se puede combatir un mal real al precio de un mal mayor" (*Populorum Progressio*, 1967, 31).

que mantenían a la ciudadanía en una situación de desventaja, de sujeción y de opresión. En la Celam de 1968 no se enfocó tanto en discusiones y reflexiones teológicas como en generar un análisis social y político latinoamericano.

De los elementos que destacamos en las discusiones y reflexiones durante este periodo de la Iglesia católica postconciliar destacamos la forma en la que se logra que las personas sean sujetos de su propia historia y su propio progreso. Ambos aspectos representan una idea general de la Iglesia liberadora y que se nutre, además del CV II y los encuentros de discusión como Medellín 1968, de eventos de mucha importancia como la Revolución cubana, los movimientos de protesta obreros, campesinos, estudiantiles y magisteriales, entre otros.[24]

Sin embargo, en este contexto de reflexión crítica y autocrítica, destaca la idea de no pensar en la acción pastoral como una imposición que incide en el etnocidio, pues, como señalaba Reichel-Dolmatoff (1972), durante la preparación de la Celam de 1968 en Melgar, Colombia, la Iglesia se ha dedicado a imponer el pensamiento doctrinario y occidental a los pueblos originarios, sin respetar sus manifestaciones culturales, destacando que el motivo de esta acción, más que al misionero se debía al "etnocentrismo ciego de nuestra civilización que niega los valores del otro, que niega todo lo que es diferente" (p. 1140). Es por este motivo que la lectura que se hacía del CV II era importante, debido a que ahí se alentaba

24. Para EUA y Roma, por el contrario, la revolución era vista como aquella que inducía a la violencia, por lo tanto, estaban en desacuerdo con la postura que después asumiría la Iglesia latinoamericana por concebirlos cercanos en ideología a los revolucionarios y radicalizar la "Iglesia social".

a comprometerse con la sociedad y generar una dinámica de diálogo con las culturas.[25]

La puesta en marcha de una acción pastoral congruente con esta "opción por el pobre y liberación del oprimido" que encumbraría a la Teología de la Liberación, tomó muchas formas que iban desde acciones muy radicales como las de Camilo Torres, hasta iniciativas que no eran exclusivamente religiosas. Entre estas manifestaciones con el tiempo dan lugar a las CEB que surgen en el marco de estas reflexiones derivadas de la Celam de Medellín de 1968, Pueblo 1979 y, evidentemente, del CV II (Sánchez, 2007). Esto se desarrollará a continuación.

2.2 Comunidades Eclesiales de Base (CEB)

En un texto de 1982, el sacerdote brasileño Frei Betto explicaba que el nombre de Comunidades Eclesiales de Base se debe a que consisten en la reunión de las personas que comparten una misma fe, que se congregan a partir de una misma iglesia y habitan en la misma región, además de ser parte de

25. Tanto los documentos *Gaudium et Spes* y *Lumen Gentium* del CV II como la encíclica *Populorum Progressio* fueron determinantes en América Latina en la generación de escenarios de discusión y crítica, empezando por la necesidad de modificar la DSC hacia una praxis con un tono más liberador. Es claro, sin embargo, que también creó un ambiente de tensión al interior de la Iglesia católica entre las autoridades y otros miembros de la Iglesia cuando se desarrollaba el tema del aumento de la desigualdad entre ricos y pobres, por criticar el neocolonialismo, el modelo capitalista y fomentar la cooperación entre los pueblos y el derecho de todos a tener un estado de bienestar. El contenido de buena parte de este tema que se percibe en la encíclica *Populorum Progressio*, como antesala de la discusión en Medellín 1968, al parecer de Concha (1986) es la base de la escisión entre la Iglesia conservadora y la Iglesia de izquierda (Concha, 1986).

un sector poblacional que viene desde abajo (de base). De esta forma, las CEB son espacios en donde las personas *de base* o aquellas que trabajan con sus propias manos como trabajadoras del hogar, obreros, amas de casa, jóvenes y empleados de los sectores de servicios en la periferia urbana, así como trabajadores y pequeños propietarios, arrendatarios y peones en la zona rural (Betto, 1982), comparten problemas que experimentan para sobrevivir y luchar en comunidad por mejores condiciones de vida. En general, se trata de comunidades que, distribuidas en muchas partes del continente, congregan millones de personas creyentes y oprimidas.

Desde la perspectiva de Orozco y Orozco (2015), las CEB presentan realidades muy similares entre sus miembros: pobreza, es decir, "condiciones materiales poco propicias para un buen desarrollo" (p. 24). Pero también se trata de comunidades propositivas que buscan transformar las realidades sociales y políticas de sus contextos. Lo que es interesante es que se trata de comunidades, cuyos miembros no necesariamente poseen un conocimiento académico considerable. No es con una corriente filosófica en particular como actúan, sino con

> [...] los elementos en común que las configuran: su sencillez, su sintonía con el Jesús histórico, su opción incondicional por los pobres, que no solo es una actitud solidaria con estas personas, sino también un rechazo de la situación de pobreza y las causas que la producen. (Orozco y Orozco, 2015, p. 24)

A partir de esta advertencia que hacen los autores, y al considerar que, si los miembros de las CEB o del guía de las CEB no son poseedores de un pensamiento crítico respaldado en una corriente filosófica o académica, entonces deben señalarse otras características y aclarar otras.

Para empezar, los miembros de una CEB deben conformar la comunidad parroquial, pues es necesario que se conozcan realmente entre ellos, por lo que se trata de comunidades pequeñas, es decir, una CEB está conformada por pocos miembros que se reúnen para tratar temas encaminados a la resolución de sus problemas.

Además de los feligreses, para que funcione una CEB debe haber un animador que es el agente de pastoral, es decir, una persona que puede ser religiosa o laica, que conoce los problemas de la comunidad, es decir, no se trata de un guía, sino un animador que acompaña, pues es la comunidad misma la que camina.

Sobre esto último es importante destacar que uno de los aspectos que aportó el CV II y que se manifiestan, por ejemplo, en las CEB es el carácter laico de los participantes que otrora serían únicamente religiosos. Frei Betto (1982) explica que estos agentes de pastoral laicos:

> [...] constituyen una nueva vocación o un nuevo carisma en la vida de la Iglesia. Muchos dejan su familia y profesión para vivir exclusivamente del trabajo pastoral cuando la diócesis tiene condiciones de asumirlos. Viven en barrios populares, ganan poco más que el salario mínimo, asumen el trabajo con el pueblo como el compromiso prioritario de su visa: no son ellos los que coordinan las comunidades, apenas asesora, cuidando para que el propio pueblo sea sujeto de su historia. (p. 8)

Esta descripción también aplica en el caso de los agentes de pastoral religiosos. Lo que es importante señalar de esta cita es la importancia de que sea la comunidad la que coordina, que sean ellos sujetos de su propia historia y los agentes de pastoral, sean acompañantes, pero es necesario que estén involucrados con la comunidad para entenderlos mejor. De esta forma, los miembros que de las CEB son personas de la comunidad que, en el ámbito urbano, viven en las periferias en situaciones económicas precarias o con ingresos que apenas rebasan el salario mínimo, con un nivel de escolaridad muy bajo.

Un aspecto muy interesante del texto de Frei Betto (1982) es la forma en que se actualizan los símbolos eucarísticos:

> En una celebración de Paraíba [Brasil], el simbolismo de la hostia eucarística fue actualizado, por la tortilla de "cuscuz" sin sustituirla por eso. En Linares, la norte de Espíritu Santo, la cosecha de cacao fue conmemorada por las comunidades con una celebración en la cual se cocinó y se repartió el producto. En la prelatura de Sao Felix de Aranguaia, los símbolos litúrgicos son los instrumentos de trabajo de los pescadores y agricultores, como la red, la pala, y el azadón, etc. [...] Son ellos [los miembros de las comunidades] los que preparan las novenas y las misas, las fiestas de los santos y el desarrollo de las celebraciones, siempre apoyados por el agente de pastoral. (pp. 6-7)

En estas características explicadas por el sacerdote en el contexto brasileño, destaca también las problemáticas que sufren las personas que conforman las CEB, expropiación de tierras la explotación del trabajo y con salarios infames y la presencia de personas que concebían a la religión como un camino de consuelo y de soporte para aguantar la desigualdad. Ahora la religión se traducía a partir de espacios en donde había un "discernimiento crítico, frente a la ideología dominante y para la organización popular capaz de resistir la opresión" (Betto, 1982, p. 7).

Se trata entonces de comunidades que otorgan un espacio digno en donde recuperen la voz los que no tiene voz, los invisibilizados. Pero la forma de operar es por medio del *ver-juzgar-actuar*.[26] De nuevo Betto (1982) explica que en las reuniones que pueden hacer en casa de alguno de los miembros o en la casa parroquial, después de las oraciones

26. Es importante mencionar que este método puede presentarse con alguna variación en la actualidad. Por ejemplo, en la página de la CEB de México, identifican 5 pasos: ver, pensar, actuar, evaluar y celebrar. (CEBmx, s/f).

y cantos, exponen los problemas o sus experiencias de la semana. Esta etapa que se denomina "ver", es seguida de una reflexión en torno a cómo Jesús actuaría en una situación similar. Vinculado al Evangelio y algún pasaje del Nuevo Testamento que pueda dar una respuesta al problema, según la sugerencia de alguno de los miembros, proceden a leerlo, todos escuchan con atención y luego empiezan a comentarlo. Esta es la etapa del "juzgar". Acto seguido, se planea y se propone una solución al problema, en lo que se denominaría "actuar" (Betto, 1982).

Lo descrito anteriormente es una forma muy simple de explicar el *modus operandi* de las CEB. Pero es más complejo el proceso desde el momento en que la naturaleza de los problemas o de los miembros de la comunidad no son siempre iguales. Existen otras actividades que ayudan a la cohesión de la comunidad como los cursos de formación de líderes y los círculos bíblicos, pues la comunidad misma debe asumir la dirección de la CEB, por eso debe formar líderes para nombrar a alguno de ellos para asumir el cargo que es revocable en cualquier momento por decisión de la comunidad.

La dinámica de las CEB y lo que esta comunidad representa ha sido objeto de duras críticas, tanto desde el interior del propio organismo eclesiástico como desde los Estados en general. Sánchez (2007) advierte que, sobre todo en la década de 1980, ha existido un tono sumamente contrario a la dinámica renovadora de la Iglesia católica postconciliar que han recaído en ataques muy dirigidos hacia la TL y las CEB. Más allá de lo que puede llegar a advertirse en la literatura sobre sus características de corte marxista, se señala que la forma en que las CEB operan es parcial. Es decir, el *modus operandi* de las CEB se centra en las personas con ciertas condiciones desfavorables y excluye a otras personas, por lo que no sigue el principio de comunidad.

También se ha dicho que las CEB son bastiones de partidos de izquierda, por lo que en éstas prevalece aquel concepto que ha sido tan utilizado por grupos que se ubican en la derecha y sectores sociales conservadores, es decir, "ideología", en lugar de que prevalezca el Evangelio. Quizá el fondo del problema y la crítica hacia las CEB se concentra en un escenario en el que la Iglesia católica está dividida. De hecho, desde la década de 1970, Boff (1979) explicaba que la estructura de la Iglesia es piramidal y, por lo tanto, no es compatible con la realidad social, en tanto la propuesta de una Iglesia circular, que para el caso entenderíamos como horizontal, sí es más *ad hoc* a las CEB que muestran un modelo comunitario de la Iglesia, conformado por la base.

Durante la década de 1980 los ataques a través de políticas internacionales que, sobre todo algunos gobiernos como el de Estados Unidos aún en el contexto de la Guerra Fría manifestaban para combatir lo que asumían que era comunismo, o la Congregación para la Doctrina de la Fe evidencia al colocar a la TL "bajo sospecha"; afectaban a las CEB al ser éstas el vehículo y vínculo directo con la TL. Sin embargo, la coyuntura global, sobre todo a partir del colapso del bloque soviético, modificó el panorama de tal forma que la década de 1990 implicó un respiro para muchas de las iniciativas de la Iglesia liberadora, empezando por las CEB, a tal grado que para la Celam V en Aparecida, Brasil, celebrado en el año 2007 el método de *ver-juzgar-actuar* de las CEB fue reconocido en su labor en la formación de misioneros.

La importancia de las CEB, tanto en el pasado como en la actualidad, es que genera una reflexión teológica que está articulada con la realidad social y política, con un método como el de *ver-juzgar-actuar* que puede definirse como un mecanismo no individualizado, sino comunitario e inductivo, en donde los laicos son protagonistas en la acción pastoral, que se trabaja por promover la justicia social y a favor de los derechos humanos (Orozco y Orozco, 2015).

Con esta descripción somera acerca de las CEB, es momento de adentrarse en un aspecto vital que se relaciona con la actividad de estas comunidades, tratando de relacionarla con casos más concretos en México, es decir, la incidencia social como una meta y resultado vital en la acción pastoral católica de la década de 1960 hasta nuestros días, pero que también ha sido un propósito en el diseño de políticas y programas sociales en el gobierno actual.

3. Incidencia social y pastoral católica

En el párrafo anterior se expuso qué son las CEB y, *grosso modo*, cómo operan. Quizá entre los textos más claros sobre el tema está el de Frei Betto (1982) que se ha citado en varias ocasiones a lo largo de este capítulo, aunque hay mucho escrito sobre el tema. Sin embargo, el tono de la información que se encuentra en diferentes textos describe poco la proyección de las CEB en la actualidad y cómo éstas inciden en la sociedad. En este apartado se desarrollará de manera general qué es la incidencia social y de qué forma las CEB aportan a la transformación de la situación de los grupos en situaciones de vulnerabilidad, dentro de la acción pastoral católica en México.

3.1. ¿Incidencia o impacto social en la pastoral católica?

En diversos espacios académicos y en las áreas de emprendimiento es común el uso de conceptos como *impacto social* o *incidencia social*. Ambos términos se conciben como equivalentes. Pero es importante precisar la diferencia entre éstos. Para Hernández (2009) la incidencia se relaciona con la manera en la que se influye en las ideas, los actores, sistemas y estructuras para modificar la manera en que el poder y las ideas vinculadas a éste se distribuyen y se consumen. Esta idea es vital porque cuando se habla de *incidencia social* la intención es referirse a aquellas acciones, propuestas o proyectos a través de los cuales se modifican las relaciones de poder inequitativas, por lo tanto, no se trata de una burda influencia, sino la modificación de la realidad social a favor de una sociedad más igualitaria.

Por otra parte, cuando se alude al término *impacto social* existe una mayor proximidad a una perspectiva empresarial, similar a conceptos como responsabilidad social empresarial (RSE) que, dicho sea de paso, no cumple cabalmente su propósito de impacto social por su *modus operandi*, es decir, en palabras de Vallaeys (2020) "dentro de un paradigma ético individualizado" [dice el autor], "se vuelve ineficaz [la RSE] frente a los impactos sistémicos que pretende enfrentar, porque éstos precisarían de una corresponsabilización mediante amplias asociaciones inter y transorganizacionales, una verdadera socialización de la responsabilidad" (Vallaeys, 2020, p. 310).

La importancia de hacer esta aclaración no es sólo por un asunto conceptual como tal, sino comprender que el propósito de un individuo o colectivo de generar una transformación social no debería basarse en un modelo individualizado y con intereses que se difuminan en discursos como el de la RSE que "impactan" socialmente. En adición a lo anterior, para Mendoza et al. (2020) la noción de responsabilidad social que recae en una empresa no debe pensarse en términos de responsabilidades económicas, sino sociales. De tal forma que, en entidades como las universidades u otros organismos, más que pensar en impacto únicamente, habría que pensar en la incidencia, tanto en la formación de los futuros profesionistas, como en lo que se busca transformar en la sociedad.

Aunque podría asumirse que este tipo de concepciones son más recientes, en la praxis existían desde hacía mucho tiempo atrás acciones que no eran en esencia diferentes, es decir, acciones que buscaban una transformación de la sociedad hacia la construcción de un escenario más igualitario, pero lejos de un tono de corte asistencialista o filantrópico. Aunque no es el único caso, en el enfoque de este capítulo destacamos la acción pastoral católica influida por el liberacionismo. Quizá es este un buen ejemplo de una acción desde abajo en donde se pretendía, aunque en un contexto histórico distinto, lograr esa incidencia social que propiciara una situación social menos desigual.

En relación con el liberacionismo es importante señalar que no se trata de lo mismo, tanto aquella acción de liberación de las décadas de 1970 y 1980, a la de la actualidad. Desde la perspectiva de algunos misioneros como el sacerdote Ramón Castillo de la misión de La Castalia en Comitán, Chiapas, ya no puede pensarse en el liberacionismo en la actualidad con las características de la época de la teología de la liberación. En una entrevista con él se advierte que:

> [El] liberacionismo y todo eso ya se acabó. La realidad social, política, económica, las propias necesidades de la gente estén mejor o peor, ya son otras. Uno no puede aferrarse a esas ideologías porque sería no darse cuenta de los cambios que van transcurriendo a lo largo del tiempo. Por eso se cae en contradicciones. (Entrevista a Ramón Castillo, Comitán, Chiapas, México, 18 de noviembre de 2010).

A partir de este fragmento de entrevista que se realizó hace más de 10 años en torno al tema de la inculturación del Evangelio y la acción pastoral indígena, el misionero inició hablando del liberacionismo y la TL como algo que quedó en el pasado, que era producto de una gran influencia de la atmósfera revolucionaria que se vivía durante la Guerra Fría en América Latina. Las palabras de este misionero aluden a un liberacionismo que ya no existe, pero se refería al contexto en el que éste se fue desarrollando. Ciertamente, cuando se habla hoy de la pastoral indígena y la Iglesia Autóctona en Chiapas, la influencia de la TL es evidente.

La TL o su influencia el día de hoy se concentra en este método *ver-juzgar-actuar*. En la pastoral indígena, por ejemplo, este método es vigente, lo que se pudo constatar a partir de una experiencia de campo el 6 de septiembre de 2023, cuando se entrevistó a miembros del Consejo Interreligioso en el estado de Chiapas. Tanto un sacerdote indígena católico, como un pastor evangélico que trabaja en la región de los Altos de Chiapas, que está habitada por una buena cantidad de pueblos originarios, sin hablar de la TL sí aludían a una actividad para y con la gente, en su lucha para transformar su *realidad* —término muy común en la TL— aludían a este método de *ver-juzgar-actuar* (Notas de campo, Tuxtla Gutiérrez, Chiapas, México, 6 de noviembre de 2023).

Retomando la idea de la *incidencia social*, y no el *impacto social*, se alcanza a percibir en el testimonio de los ministros de culto arriba mencionados cómo una actividad pastoral, tanto hoy como en la época de la TL durante la Guerra Fría, los fundamentos y metas de influir en un sector de la sociedad para alcanzar una situación más igualitaria permanecen.

Ahora bien, así como se aborda aquí el tema de la incidencia social y cómo ésta puede aproximarse a una praxis pastoral y a un método similar al de *ver-juzgar-actuar*, buena parte de la actividad llevada a cabo por las CEB de hoy podría asumirse que se basa en la incidencia social. Ya se ha comentado que, pese a diversos textos que en México se han concentrado en el desarrollo del tema de las CEB, pareciera que el concepto o la estructura de estas comunidades ya no existe. A continuación, se expone la actividad de las CEB y parte de su actividad en el siglo XXI.

3.2. Las CEB hoy: bastiones de incidencia social católica

Aunque parezca reiterativo, es importante aclarar que las CEB no son necesariamente producto de una iniciativa eclesiástica, o por lo menos no únicamente, sino también de los laicos. Incluso, no es una estructura exclusiva del catolicismo, aunque en este capítulo nos concentramos únicamente en la Iglesia católica.

Cuando se desglosa "CEB" y se piensa en cada una de las palabras que configuran este concepto, tal como lo expuso Frei Betto citado antes, destaca la noción de comunidad, es decir, aquella que al tratarse de una comunidad eclesiástica en este caso se refiere más a la forma de enfrentar la adversidad a través de una práctica colectiva. A esto se añade la característica de ser una colectividad que actúa de manera colaborativa y que comparten una misma fe y que se trata de personas que vienen de abajo o de la base.

En la actualidad, este sistema colaborativo y organizativo mantiene su eficiencia en un ámbito en el que la impunidad, la inseguridad y la injusticia social se observa por doquier. Por poner algunos ejemplos de su vigencia, García (2023) aborda el caso de una CEB en el estado de Oaxaca, en particular en Salina Cruz, que desde la década de 1990 contribuyó a la formación de la Coordinadora de Colonias Unidas, en donde las CEB participaron en la solución de problemas sociales y políticos, la formación de cooperativas de consumo y producción, crearon un comité de salud, una escuela comunitaria, un albergue o casa de atención para migrantes, así como otros grupos ecológicos de defensa de los derechos humanos y para promover la conciencia ciudadana.

Además de Salina Cruz, en la ciudad de Oaxaca existe la participación de las CEB en algunos eventos a favor de la libertad y la justicia. En una nota en la revista *Proceso* del mes de agosto de 2023, se sabe de la participación de las CEB en un foro de justicia, paz y seguridad, junto con miembros de la sociedad civil, académicos y religiosos. En esta nota se destaca la situación de adversidad e injusticia como una consecuencia de conflictos entre diferentes grupos de poder, la tolerancia hacia organismos criminales por parte de las instituciones del Estado o incluso su alianza (Matías, 2023). De igual forma que el caso de la CEB de Salina Cruz, mencionada arriba, destaca una situación de adversidad y que en comunidad se lucha por revertir esos efectos. El foro de justicia, paz y seguridad se realizó en la ciudad de Oaxaca.

También en una nota periodística de 2019, en alusión a la situación de pobreza y marginación que persiste en el estado de Oaxaca, se informa que la acción pastoral característica de la *Iglesia de los pobres* en la década de 1980 y 1990, es vigente, sobre todo con el incremento de la migración que desde ese año ha sido constante, incluyendo el narcotráfico (Vélez, 2019).

En el caso de Chiapas en donde la influencia de la TL, al igual que en Oaxaca, ha sido notable. Ahí la presencia de las CEB es innegable. Es cierto que entre la década de 1990 y la década del 2000 hubo un periodo de crisis. Para Guillén (2022) la supervivencia de las CEB, como las de Comitán, La Trinitaria o Las Margaritas, se debió al apoyo de la zona pastoral del sureste, aunque no llevaron a cabo acciones de protesta o denuncia durante mucho tiempo, sino solo se enfocaron en la reflexión y estudio de los materiales que utilizaban como base para mantenerse organizados y unidos (Guillén, 2022).

La idea de construir el reino de Dios a través de las CEB en ese estado, en particular la localidad de Las Margaritas parecía perderse. No fue sino hasta 2018 que, en el marco de una serie de sucesos como la negligencia médica y acceso a la salud digna de algunas personas, además de otros acontecimientos que han ido creciendo en la región en relación con la injusticia y la inseguridad, se creó un comité conformado por miembros de las CEB que han presionado para tener acceso a servicios de salud de calidad.

Destaca también la presencia de otros colectivos, las misiones y las CEB que generaron grupos como el *Movimiento de pueblos organizados de defensa de la vida y el territorio*. En la actualidad, en esta región del estado de Chiapas, sigue la presencia de las CEB. En una entrevista colectiva con el consejo interreligioso del Estado de Chiapas, un miembro de la zona de Tonalá señaló que ahí ya no había CEB, pero cerca de ahí o incluso en Tuxtla, en Tapachula, Las Margaritas, Los Altos de Chiapas, entre otras demarcaciones, sí hay CEB (Notas de Campo, Tuxtla Gutiérrez, Chiapas, 6 de septiembre de 2023). De la misma forma, Guillén (2022), habla del Plan Pastoral de las CEB de la diócesis de San Cristóbal de Las Casas que comprende un periodo de 2021 a 2025, en donde una vez reunidos, se llegó a una serie de acuerdos, destacando la idea de fortalecer y organizarse mejor, para promover el modelo de la Iglesia sinodal, así como el buen vivir (Bretón, 2014).

Como puede observarse estos “focos de evangelización y motores de liberación” (Peralta, 2004, p. 28), como se les llamó a las CEB, se fueron fundando hace décadas en el contexto urbano, incluyendo las llamadas megalópolis. Por ejemplo, en el sur de la Ciudad de México, en el municipio de Tlalpan, en la localidad de San Pedro Mártir (García, 2015), en la colonia Lomas de Polanco, en la zona metropolitana de Guadalajara (Salguero, 2020); al sur de Veracruz (Alfonso, 2018).

Gran parte de la actividad de las CEB en estos contextos, al igual que en sectores urbanos y semiurbanos, si bien la oración colectiva es un elemento básico en la reuniones, se presentan diferentes temas relacionados con alguna situación particular que preocupa o implica un problema en la zona como la falta de acceso a servicios como agua, energía eléctrica, educación, salud digna, entre otros, así como situaciones que afectan al contexto de la comunidad, empezando por la inseguridad, situaciones medioambientales, la impunidad e injusticia en general. Pero no se trata solo de abordar estos temas, sino analizarlos y generar propuestas de acción concretas que realizará la comunidad. De ahí el ver juzgar y actuar.

Graffe (2018) describe la estructura de las comunidades en donde destaca la heterogeneidad, pues representan distintos sectores de la población o comunidad y que comparten un estilo de vida cristiano "en aras de vivir la fe como una experiencia compartida comunitariamente retroalimentada y apoyada caracterizada por la manifiesta participación que tienen todos en el proceso de esa toma de decisiones" (p. 80).

Pero esto no es suficiente, es decir, la importancia del cristianismo y la fe es evidente. Por algo se trata de una comunidad eclesiástica, pero existe un compromiso político y una sensibilidad con lo que se vive en la comunidad y con las características de los integrantes de ésta, pues hay un absoluto respeto por sus miembros y lo que son, no por la función que realiza o el papel que desempeñe en la sociedad. En esto también fue enfático un sacerdote católico de la región de los Altos en Chiapas, que es predominantemente semirrural.

Este sacerdote de nombre Marcelo, quien además se presenta como un sacerdote católico indígena, cuando se le preguntó acerca de la posición de si ministerio en un contexto de mucha diversidad cultural e ideológica, fue claro al decir que a él no le importa cómo sea una persona ideológicamente, si practica o no una u otra religión, pues antes de eso él ve a la persona (Notas de campo. Tuxtla Gutiérrez, Chiapas, 06 de septiembre de 2023). Cabe destacar que este sacerdote es identificado por la dirección de asuntos religiosos del estado de Chiapas como un sacerdote de la teología de la liberación, enfatizando que se formó en las filas de Mons. Samuel Ruiz García.

Dicho todo esto, quizá una pregunta que se mantendrá en este punto del texto es qué relación tendría la acción pastoral a través de las CEB con la laicidad. A continuación, se desarrolla un apartado de cierre en donde se trata de responder esta pregunta.

4. Pastoral y laicidad. Respeto a las instituciones, combatiendo la marginación

Históricamente la laicidad en México se remonta al siglo XIX. El liberalismo mexicano decimonónico, y con más fuerza durante el periodo presidencial de Benito Juárez entre 1858 y 1872 se caracterizó por contrarrestar el poder político de la Iglesia católica, lo que pudo materializarse a partir de una serie de reformas constitucionales. El resultado fue la separación de la Iglesia y el Estado.

Durante el primer tercio del siglo XX, después de un periodo de relativa calma en las relaciones entre la Iglesia católica y el gobierno, con la Constitución Política de los Estados Unidos Mexicanos (CPEUM) jurada en 1917, hubo algunas modificaciones en materia de religión y cultos, pero se mantuvo la necesaria limitación del catolicismo de la política. De hecho, la obediencia de esta constitución llevó al endurecimiento de la limitación de los espacios en los que podían actuar las comunidades religiosas como en las escuelas, los medios de comunicación, la política, entre otras, incluyendo la prohibición de voto a los ministros de culto, religiosas y religiosos.

Ahora bien, es importante evitar confundir conceptos como laicidad con el laicismo, pues eso permite que se entienda mejor el tema en la actualidad. Blancarte (2007) explica que mientras la laicidad se refiere a la garantía de la libertad de creencias y el ejercicio de cultos, el laicismo se relaciona con un régimen anticlerical de persecución contra la libertad de creencias y cultos. En síntesis, lo que prevaleció en buena parte de los dos periodos históricos mencionados arriba fue el laicismo, pues había una praxis que limitaba la acción de las comunidades religiosas, en particular católicas. El enfoque en este apartado está, por lo tanto, en la laicidad.

Es evidente que, como sucede cuando se analiza un concepto a la luz de la realidad social, ideológica, política o económica; la laicidad presenta algunos aspectos que generan controversia. Por ejemplo, desde el momento en que la laicidad se asume como indispensable para garantizar un Estado democrático, pues coadyuva a la convivencia armónica y respetuosa entre distintas formas de fe; también se torna en un elemento esencial que sustenta el pluralismo. Pero esto coloca en aprietos la noción o principio democrático ya que, como señala Sutton (2011),

> [no] se preocupan por la protección y expansión de las libertades privadas, o procuran un gobierno común, separado de cualquier afiliación espiritual o filosófica específica, pero preocupado por hacerle justicia a todas las expresiones de este orden, capaces de dar sentido colectivo. (p. 60)

Ferrajoli (2017), en el intento de exponer varias razones por las que la laicidad es un tema de actualidad, resuelve parte de lo anterior al considerar la función de la laicidad como generadora de un escenario de paz. El autor señala que en el mundo se evidencia cada vez más la interdependencia y la pluralidad de las culturas —aunque también ha sido evidente en esa pluralidad el incremento de los fundamentalismos religiosos—, pero la laicidad es un dispositivo o puente necesario para garantizar la paz y la democracia dentro de la complejidad generada por esa pluralidad. De esta forma, explica Ferrajoli (2017) que

> [el] problema de la laicidad, recobra importancia —contra las intolerancias y los intentos de invasión por parte de las religiones y de otras formas de dogmatismo ético o político—, no sólo en el plano tradicional de la relación entre el Estado y las Iglesias,

> sino también en el plano más general de las relaciones entre las instituciones públicas y el multiculturalismo, entre Estado y religiones, entre el derecho y las diferentes éticas y culturas, como una garantía de la libertad de conciencia y de pensamiento y, con ella, del pluralismo político, religioso, moral y cultural. Solamente la laicidad del derecho, en tanto técnica de garantía de los derechos y de las libertades de todos —de la ley del más débil en lugar de la ley del más fuerte que rige en su ausencia— es capaz de garantizar igual valor y dignidad a las diferencias, de excluir cualquier discriminación o privilegio y, por ello, la convivencia pacífica. (pp. 268-269)

En cualquier caso, hoy la situación relacionada con la laicidad es distinta si se piensa hace más de un siglo. En México, a partir de una serie de reformas a la CPEUM como el artículo 130 sobre el voto de los ministros de culto y las manifestaciones religiosas en el espacio público; o las reformas a los artículos 24 y 40 de la CPEUM, y la publicación de la Ley de Asociaciones Religiosas y Culto Público (LARCP) el 15 de julio de 1992, se ha roto en apariencia la idea de laicismo y se favorece a la laicidad en busca de un equilibrio favorable a la democracia y la paz.

Para el sociólogo francés Baubérot (2007, como se cita en De La Torre, 2019), ese equilibrio se concentra "entre las tensiones que participan en un triángulo casi equilátero, cuyos lados serían la separación de la religión y de la política, la libertad de conciencia y sus consecuencias, y la igualdad entre las religiones" (p. 160).

En ese orden de ideas, Hernández (2019) ha propuesto una clasificación de la laicidad por etapas y desde una perspectiva histórica. Para ella entre el siglo XX y el XXI la laicidad ha transitado de una *laicidad separatista* en tanto una disociación entre el poder político y el religioso, a una *laicidad abierta* en la que se asume que la religión es parte de la sociedad y la organización pública, y, finalmente, a una *laicidad co-*

laborativa que dialoga y hace equipo entre las comunidades religiosas y el Estado para garantizar la libertad religiosa, lo que no significa, como advierte De la Torre (2019), que haya libertad de acción de las comunidades religiosas en el terreno de la política.

Sin adentrarse en este último punto y relevar el marco en el que el catolicismo sigue teniendo privilegios del Estado por encima de otros grupos religiosos, lo que aquí se intenta aclarar es que la noción de laicidad como un límite de las acciones de los grupos religiosos en terrenos que no sean meramente los de su ministerio, es distinto el día de hoy. En este sentido se retoma la noción de laicidad de Hernández (2019)

> [como] una forma de gobernanza política basada esencialmente en los principios morales de equidad y libertad de conciencia, y en dos procedimientos que son la separación de la Iglesia y el Estado, y la neutralidad del Estado respecto a las religiones y los movimientos seculares. (pp. 180-181)

Es interesante en este punto entender la pertinencia o relación con la acción pastoral. Al entender esa idea de laicidad colaborativa en una dinámica de gobernanza política en un contexto plural no solo en creencias y manifestaciones de fe, sino culturales y sociales, se asume que, en tanto no se manifiesta una forma de acción en la actividad política, por lo tanto, existe un respeto hacia las instituciones; la acción pastoral que favorezca a los sectores sociales que viven en situaciones de vulnerabilidad y marginación es posible sin que esto se considere como una afrenta o desobediencia de las instituciones. He aquí la pertinencia de las CEB como uno de tantos ejemplos de militancia en situaciones que van más allá de la práctica religiosa.

En los apartados anteriores se ha desarrollado el contexto de América Latina en el que se ha ido configurando el liberacionismo como una respuesta a los mecanismos y relaciones que favorecían —y favorecen— la desigualdad y cómo desde distintos bastiones, tanto en la sociedad civil, diversos organismos, la academia científica y las comunidades religiosas, se respondía a la adversidad que el sistema capitalista ha generado. En ese contexto, debe advertirse que no se trata de un panorama, cuyos protagonistas son los favorecidos y desfavorecidos, sino que existen matices que configuran un escenario muy diverso y, por lo tanto, con actores diversos. De hecho, Marzal (2002) explica por qué la laicidad vista como esa clave para generar una situación de paz bajo un principio democrático común, es distinto en Europa que en América Latina, dadas las características socioculturales del subcontinente que se manifiestan, por ejemplo, en el aspecto religioso a través de la religiosidad popular que, sin que esto signifique una carencia de principios o normas, por lo menos distan mucho de los cánones rígidos institucionales.

La importancia de poner el ejemplo de la religiosidad popular como una de las características de la sociedad latinoamericana, al igual que otras manifestaciones populares, se debe a la diversidad cultural, es decir, un contexto latinoamericano como el caso de México que está conformado por un mosaico, del que cada tesela representa una forma de ser y de vivir, así como una serie de problemas y obstáculos que afrontar. Desde esta perspectiva, las CEB son unidades pequeñas que se configuran desde esa realidad diversa y compleja.

Un eje central en esta discusión, sin embargo, es el vínculo que hay entre la laicidad y las CEB. Para empezar, la idea de un Estado laico, aunque las comunidades religiosas o grupos de ese corte no deben intervenir y actuar en el terreno político —razón por la que ha habido una crítica hacia situaciones en las que algunas comunidades evangélicas han incursionado en la actividad política poco antes y durante el sexenio de Andrés Manuel López Obrador— no significa que, como cualquier persona que sufra los estragos de una sociedad desigual e injusta tenga una opinión y el impulso de protestar, las comunidades religiosas no se involucren con la realidad de las personas con las que trabajan en el mejoramiento de su situación.

Asumir el día de hoy que la actividad pastoral desde una comunidad religiosa se constriñe únicamente a lo que se entendería como espiritualidad y fe, es no comprender el tipo de atención que dan a las personas, sobre todo aquellas que viven en un contexto adverso. Son muchas las organizaciones, las actividades llevadas a cabo por voluntarios y el apoyo que hay en distintas circunstancias, como parte de la materialización de un mensaje de paz. En el caso de la Iglesia católica existen muchas acciones de ayuda de distinta naturaleza, jurídica, médica, ecológica, psicológica, educativa, entre otras, conscientes de la obligación que tienen de respetar la ley.

Desde esta perspectiva, consideramos que la noción de laicidad como gobernanza política se ajusta bien al caso, no solo de las CEB, sino de la praxis pastoral en un Estado laico que incide socialmente y que promueve una agencia colectiva. La justificación de lo anterior es porque existe una intención de construir un escenario de diálogo en el que las iglesias —en este caso, por lo menos un sector de la Iglesia católica— y el Estado pueden actuar de forma coordinada involucrando a la sociedad misma y en su beneficio.

Por poner un ejemplo, piénsese cuando existen graves problemas como es el caso de las caravanas de migrantes y su vulnerabilidad en materia de derechos humanos. Es claro que el Estado no se da abasto para atender a estas personas. Sin embargo, la labor de las iglesias, no solo la católica, ha sido por lo general de acogida, atención médica, alimentación y resguardo de muchos de estos grupos, por lo que la incidencia social de las comunidades religiosas es muy considerable, sin que esto conlleve una intención política o incluso de ganar adeptos.

Retomando el caso de las CEB, es claro que la forma de acción dista mucho de aquellas épocas de las décadas de 1970, 1980 y 1990. Pero el método que se reproduce es esencialmente el mismo. Las CEB en la actualidad, continúan siendo una apuesta para enfrentar el contexto de desigualdad, al concentrarse en los sectores más desfavorecidos, tanto rurales como urbanos, a través analizar la realidad de manera colectiva, y de ese mismo modo generar propuestas para echarlas a andar y así mejorar la vida de la comunidad.

Quizá las CEB son un ejemplo que, por un lado, ha perdurado a pesar del fin de la Guerra Fría y la carga ideológica de la época, pues es evidente que lo que no ha cambiado es la desigualdad, la injusticia y la limitada capacidad del Estado para resolver una serie de problemas sociales, económicos y de otra índole. Es a partir de la colaboración con la sociedad, el Estado, los organismos y otros actores como pueden generarse cambios con una mirada hacia la paz y la dignidad. Es en ese sentido que podría pensarse hoy en la actividad pastoral y en figuras como las CEB, en escenarios y situaciones propicias para una construcción de la gobernanza.

Consideraciones finales

En este capítulo se ha abordado el tema de la acción pastoral católica en la actualidad a través de estructuras como las CEB. De esta forma, se explica una mínima parte acerca de cómo la actividad eclesiástica ha contribuido en algunas formas de enfrentar la adversidad, la desigualdad y la injusticia de mucho tiempo atrás. Para eso, el método *ver-juzgar-actuar*, aún vigente, ha sido crucial.

Las CEB, así como otras formas de actividad dentro de la pastoral, han buscado mejorar y transformar la realidad de las personas, no asumiéndolo desde una perspectiva individual, sino fortaleciendo la dimensión comunitaria a través de mecanismos de organización, es decir, por medio de la reestructuración de la unidad social como una forma de fortalecer a las personas en contextos que les son hostiles, pues individualmente, sería casi imposible superar una situación de desigualdad como la que en buena parte de América Latina se observa.

Esto último se relaciona con el término *agencia colectiva* (AC) que es parte del título de este capítulo. La importancia de la AC es que contribuye a transformar la estructura o el tejido social, desde el momento en que hace manifiesta la conciencia individual, lo hace desde una acción colectiva y la relaciona o vincula al contexto de la acción del agente (Guzmán, 2018). La AC interviene de manera deliberada en una situación particular para modificarla positivamente desde el hacer y rehacer (Page, 2018).

De esta forma, la AC se torna en un método que se materializa en la actividad de las CEB. Pero, a pesar de que no había conceptos de este tipo en otras épocas, es claro que la esencia de estas nociones como incidencia social y AC se han presentado como estrategias de transformación de la realidad social desde las décadas de 1960 y 1970. Aunque pasó mucho tiempo en que se deslegitimó la actividad de las CEB y de la pastoral católica postconciliar al grado de sospecharse que eran bastiones de la izquierda y el comunismo, el día de hoy se ha reconocido su caminar, tal como animaba el CV II a los misioneros.

Es importante resaltar que la actividad de estas comunidades eclesiales, no solo se concentran en lo religioso, sino en la educación social y el compromiso político. Esto último es importante y es el eje central de la discusión, pues al leer el término "político", parece poner en peligro la naturaleza laica del Estado.

Se ha aclarado lo que laicidad significa en un país como el México actual. Se trata de un puente o dispositivo que busca garantizar la democracia y la paz. Al pensar en la diversidad de credos y manifestaciones religiosas, la laicidad es indispensable para evitar conflictos o privilegios de unas comunidades religiosas sobre otras, por lo menos en la teoría. En este sentido, la actividad de las CEB y su preocupación por reducir la inseguridad, la desigualdad y fomentar una mejora económica en una comunidad, no puede significar una amenaza para la democracia, asumiendo que sería una forma en que la Iglesia o la acción pastoral incurre en el terreno de lo político con la intención de ganar algún privilegio o influir en un régimen particular. Se trataría entonces de un compromiso político en tanto hay una intención de dialogar o generar una serie de propuestas para resolver la problemática que muchas personas en las periferias de las ciudades o en el contexto rural sufren.

Así, la propuesta de este capítulo se cumple al mostrar cómo la labor de muchas comunidades religiosas, como es el caso de las CEB católicas en que se ha centrado este texto, realizan una labor de apoyo a las personas, y también al Estado que se ha visto rebasado ante el crecimiento de fenómenos sociales y económicos que tienen una naturaleza global como la inseguridad, la migración, la escasez de alimentos, la trata de personas, la desigualdad social, entre muchos otros problemas que aquejan al mundo hoy.

Referencias

Alfonso Olan, C. A. (2018). La inserción y permanencia eclesial en un pueblo indígena. En M. Molina Fuentes y G. Pérez Roldán (Coord.). *Los mundos simbólicos: estudios de las culturas y las religiones.* (pp. 121-134). COMECSO.

Altman, A. (2017). La disolución de Nam Cum en perspectiva: contextos globales de la misión menonita en el Chaco argentino. En C. Ceriani Cernadas. *Los evangelios chaqueños. Misiones y estrategias indígenas en el siglo XX.* (pp. 117-144). Ethnográfica.

Bastian, J. P. (2011). *La mutación religiosa en América Latina.* Fondo de Cultura Económica.

Berryman, P. (2014). *Teología de la liberación.* Ed. Siglo Veintiuno.

Blancarte, R. (2007). Laicidad y laicismo en América Latina. *Estudios Sociológicos, 26*(76), 139-164. https://doi.org/10.24201/es.2008v26n76.284

Blancarte, R. (2012). *El pensamiento social de los católicos mexicanos.* Fondo de Cultura Económica.

Boff, L. (1979). *Eclesiogénesis. Las comunidades de base reinventan la Iglesia.* Sal Terrae.

Bretón, V. (2014). En busca del *sumak kawsay*. Íconos. Revista de Ciencias Sociales, *48*. 9-24.

Campbell, H. (1976). *La derecha radical en México. 1929-1949.* Secretaría de Educación Pública.

Castillo, J. M. (1991). Liberación cristiana y nueva sociedad. En *1971-1991 XX años del departamento de Ciencias Religiosas. La función de la teología en el futuro de América Latina. Simposio Internacional.* (pp. 132-147). Universidad Iberoamericana.

Comunidades Eclesiales de Base México [CEBmx]. (2022). *Documento de identidad.* Comunidades Eclesiales de Base México https://www.cebmx.org/_files/ugd/d5db39_de42381f768a411099992715931d2789.pdf

Ceriani Cernadas, C. y, Citro, S. (2005). El movimiento del Evangelio entre los toba del Chaco argentino. Una revisión histórica y etnográfica. En B. Guerrero Jiménez. *De indio a hermano. Pentecostalismo indígena en América Latina* (pp. 111-170). Iquique ediciones. El jote errante-Campus Universidad Arturo Prat.

Concha-Malo, M. (1986). *La participación de los cristianos en el proceso popular de liberación en México (1968-1983).* Siglo Veintiuno Editores.

De La Torre, R. (2019). Alianzas interreligiosas que retan la laicidad en México. *Revista Rupturas, 9*(1), 155-178. https://doi.org/10.22458/rr.v9i1.2233

Dussel, E. (1995). *Teología de la liberación. Un panorama de su desarrollo.* Potrerillos Editores.

Ferrajoli, L. (2017). Laicidad del derecho y laicidad de la moral. *Revista de la facultad de derecho de México, 57*(248), 267-277. https://doi.org/10.22201/fder.24488933e.2007.248.61508

Frei Betto. (1982). Lo que son las Comunidades Eclesiales de Base. *Iglesia y religión. Centro Antonio de Montesinos. 14*. 1-57.

García Ruiz, L. J. (2015). La teología de la liberación en México (1968-1993). Una revisión histórica. *Clivajes. Revista de Ciencias Sociales, 2*(4), 68-89. https://clivajes.uv.mx/index.php/Clivajes/article/view/1746

González Morfín, J. (2023). Emergencia pastoral y soluciones inéditas: las licencias y medidas extraordinarias para la celebración de los sacramentos durante el conflicto religioso en México (1926-1937). *Itinerantes. Revista de historia y religión, 18*, 93-111. https://doi.org/10.53439/revitin.2023.1.06

Guzmán Bracho, M. (2018). Agencia constructiva: acción social para el bienestar colectivo. *Iberofórum. Revista de Ciencias Sociales de la Universidad Iberoamericana, XIII*(26), 1-27. https://ibero.mx/iberoforum/26/pdf/ESPANOL/1agenciaconstructuvaaccionsocialparaelbienestarcolectivo.pdf

Graffe, G. J. (2018). *Las comunidades eclesiales de base: una manifestación de educación social y compromiso político.* Episteme.

Guillén López, F. J. (2022). *Condiciones para el relevo generacional en las comunidades eclesiales de base de la cabecera municipal de Las Margaritas, Chiapas.* [Tesis de maestría, Universidad Autónoma Metropolitana]. https://repositorio.xoc.uam.mx/jspui/handle/123456789/25056

Hernández de Toro, J. A. (2010). Hacia un concepto de incidencia social y política como reto para las organizaciones no gubernamentales para el desarrollo del siglo XXI. *Revista de Fomento Social, 257*, 57-86. https://doi.org/10.32418/rfs.2010.257

Hernández Vicencio, T. (2019). Estado laico y federalismo en México. *Revista mexicana de sociología, 81*(1), 179-208. https://www.scielo.org.mx/pdf/rms/v81n1/0188-2503-rms-81-01-179.pdf

Marzal, M. (2002). *Tierra encantada, tratado de antropología religiosa de América Latina.* Pontificia Universidad Católica del Perú / Editorial Trotta.

Matías, P. (2023, 25 de agosto). Foro justicia y seguridad en Oaxaca propone construir redes ciudadanas de paz. *Proceso*. https://www.proceso.com.mx/nacional/estados/2023/8/25/foro-justicia-seguridad-en-oaxaca-propone-construir-redes-ciudadanas-de-paz-313589.html

Orozco Espinoza, P., y Orozco Morales, A. E. (2015). Reconstruyendo el tejido social desde la fe y la participación socio-política. Balance de las Comunidades Eclesiales de Base en Nayarit, México. *Revista de Ciencias Sociales (CR), IV*(150), 23-36. http://www.redalyc.org/articulo.oa?id=15343489003

Pablo VI. (1967). *Carta Encíclica. Populorum Progressio. Del Papa Pablo VI a los obispos, sacerdotes, religiosos y fieles de todo el mundo y a todos los hombres de buena voluntad sobre la necesidad de promover el desarrollo de los pueblos.* http://w2.vatican.va/content/paul-vi/es/encyclicals/documents/hf_p-vi_enc_26031967_populorum.html

Page, O. (2018). Comunidad democrática, derechos y agencia colectiva. *Hybris. Revista de filosofía, 9*, 29-41. https://doi.org/10.5281/zenodo.1320365

Peralta, V. (2004). Las comunidades eclesiales de base en México. *Christus. Teología y ciencias humanas, LXIX*(745), 28-33. https://rei.iteso.mx/xmlui/themes/Mirage2/bookview/template.html?path=/bitstream/handle/11117/9602/2004%20745%20NOVIEMBRE-DICIEMBRE.pdf?sequence=1&isAllowed=y#page=29

Reichel-Dolmatoff, G. (1972). El misionero ante las culturas indígenas. *América indígena, XXXII*(4), 1137-1149.

Salguero Antelo, J. H. (2020). La formación de capacidades en las comunidades eclesiales de base en una colonia de la zona metropolitana de Guadalajara. *Sinéctica, 55,* e1113. https://doi.org/10.31391/S2007-7033(2020)0055-014

Sánchez Sánchez, J. (2007). La comunidad eclesial de base: una alternativa de comunión en un mundo globalizado. *Revista Iberoamericana de Teología, 5,* 47-68. http://www.redalyc.org/articulo.oa?id=125216425003

Sutton, L. H. (2011). La laicidad como hegemonía discursiva. *Revista del Centro de Investigación de la Universidad La Salle, 9*(36), 59-67. https://revistasinvestigacion.lasalle.mx/index.php/recein/article/view/127/72

Tahar-Chaouch, M. (2007). La teología de la liberación en América Latina: una relectura sociológica. *Revista Mexicana de Sociología, 69*(3), 427-456.

Wallerstein, I. (2011). *Después del liberalismo.* Centro de Investigaciones Interdisciplinarias en Ciencias y Humanidades / Universidad Nacional Autónoma de México / Siglo Veintiuno.

Vallaeys, F. (2020). ¿Por qué la responsabilidad social empresarial no es todavía transformadora? Una aclaración filosófica. *Andamios* 17(42), 309-333. http://dx.doi.org/10.29092/uacm.v17i42.745

Vélez Ascencio, O. (2019, 28 de junio). Iglesia por los pobres vigente en Oaxaca. *NVI Noticias.* https://www.nvinoticias.com/religion-y-fe/nacional/iglesia-por-los-pobres-vigente-en-oaxaca/45366

Segundo apartado: ¿Hacia un nuevo marco de laicidad en México? El Estado mexicano y la apertura a las iglesias para alcanzar la paz

Hacia la construcción de diálogos improbables

Jorge Eduardo Basaldúa Silva
Director General de Asuntos Religiosos de la Secretaría de Gobernación

Lo que se necesita más bien es un juego de argumentación, en el cual razones motivantes reemplacen argumentos definitivos
Jügen Habermas

I

En México, país en el que la separación entre Estado e iglesias ha sido un factor fundamental para la construcción de la nación que ahora somos, cualquier intento de vínculo entre estas instituciones, es visto como una transgresión que amenaza con romper el principio de laicidad reconocido cabalmente en la Constitución.

Muchos analistas consideran que la presencia del tema religioso en la administración actual a manera de comentarios, referencias morales, propuestas de colaboración en la acción social, es inadmisible en el marco de un Estado laico.

Indudablemente, sobran razones para adoptar esta actitud de reserva y crítica, porque a lo largo de la historia de México, la presencia de lo religioso en la esfera pública ha tenido un papel protagónico.

Establecer los límites entre el Estado y las religiones no ha sido tarea fácil, es el resultado de una constante lucha que parte de manera emblemática desde el siglo XIX con las Leyes de

Reforma y llega hasta nuestros días. Si bien el pronunciamiento jurídico de dicha separación sienta las bases para transitar hacia la construcción de una nación democrática y laica, la complejidad del devenir social y político sigue, por lo general, otros ritmos con avances y retrocesos.

En este tránsito histórico, las maneras de instrumentar las leyes de la nación laica que decimos ser, han experimentado variantes significativas que, ya alejan, ya acercan al actor religioso a la vida pública.

El desarrollo de la sociedad no se logra por decreto, si bien es sustantivo tener principios rectores de las políticas nacionales, tanto en la Constitución como en leyes y reglamentos que permitan su implementación, hay múltiples factores que entran en juego y que van desde las condiciones culturales, estructurales, hasta las maneras como en el día a día, las personas y comunidades viven.

Pero la historia enseña y abre caminos que tal vez, ni siquiera, se habían reconocidos como transitables. Por lo general estos hallazgos no se dan en solitario, sino que van tomando forma con la contribución de diversos actores sociales y a lo largo del tiempo. En el caso de la relación Estado iglesias, en el marco de un Estado laico, se han dado cambios muy significativos que van desde una coexistencia pacífica, con complicidades y promoción de privilegios, hasta distanciamientos, rupturas y enfrentamientos violentos.

Considerando que la laicidad, más que un concepto estático, es un proceso íntimamente ligado con el desarrollo de los Estados, que tiene como sentido fortalecer la vida democrática reconociendo los derechos fundamentales de las personas y la aceptación del pluralismo, es importante que identifiquemos sus variantes históricas y, a la luz de las circunstancias cambiantes, revisemos los modos como se pone en práctica, entendiendo que, por ningún motivo, la laicidad justificará la discriminación, la falta de libertad, la imposición de una u otra doctrina.

En el presente escrito quiero exponer, de manera general, algunas ideas sobre la relación entre Estado e iglesias, señalar encuentros y desencuentros, referir cómo, en la actual administración, se ha planteado dicha relación, sus alcances y limitaciones.

Se trata de una serie de apuntes para la reflexión que buscan abrir márgenes para el diálogo en un tema sustantivo como lo es la relación Estado-iglesias, en el marco de un proceso que se propone transformador de la vida política, social y cultural de nuestro país.

II

Con las Leyes de Reforma promovidas por el Presidente Benito Juárez a mediados del siglo XIX, el nuevo Estado mexicano estableció una postura clara frente a los actores religiosos. Cabe señalar que, durante la primera mitad del siglo XIX, una vez declarada la Independencia, hubo varios intentos para separar lo religioso de los asuntos públicos, sin embargo, los grupos políticos que lo promovían no contaban con la fuerza suficiente para enfrentar a los grupos de poder que se oponían a dichas medidas.

Con la Constitución de 1857, las propuestas de restar poder a la Iglesia abrieron un camino más claro al plantear que no habría religión oficial, por lo tanto, sí apertura a otros credos; con la Leyes de Reforma dos años después, dichas aspiraciones se afianzaron al establecer la separación entre Estado e iglesias, sobre todo católica, cuyo dominio venía desde el Virreinato se desamortizaron los bienes eclesiásticos, se estableció la libertad de culto, el registro civil de nacimiento y el matrimonio civil, así como la secularización de los cementerios.

La propuesta liberal del gobierno enfrentó reacciones adversas dentro de los grupos conservadores de la sociedad que, con estas reformas, veían afectados sus intereses económicos, pero, sobre todo, políticos. Junto a ellos, la alta jerarquía católica inició una lucha por recuperar sus privilegios.

Durante el porfiriato, las Leyes apenas promulgadas, si bien se mantuvieron, se aplicaron de manera muy relajada. Se dio una especie de simulación que dejó hacer a la iglesia católica permitiendo que fuera, en los hechos, la única religión cercana al poder, aunque hubiera otras en el país. En esos años llegaron distintos grupos religiosos, sobre todo cristianos que fueron asentándose en el territorio nacional aprovechando la libertad de culto que el Estado mexicano garantizaba. Si bien había libertad religiosa, la presencia de otros credos en la vida social, tendría que esperar muchos años más para hacerse visible.

Durante los 34 años de la dictadura liberal de Porfirio Díaz, el clero descubrió que esa manera de gobernar no era incompatible con sus intereses. Las leyes de Juárez fueron dejándose de lado: se volvieron a abrir escuelas religiosas y conventos de mujeres con cierta simulación. El número de sacerdotes venidos del extranjero (españoles, franceses e italianos) creció, llegando a unos cinco mil, en contraste con los quinientos que, aproximadamente, había en tiempos de Juárez. Cabe señalar que el clero nacional no contó con los privilegios de los sacerdotes llegados de Europa. (Simpson, 1986)

Es innegable que durante el gobierno de Díaz hubo avances materiales muy importantes en el país: los ferrocarriles, la industria petrolera, la minería, entre otros, pero los recursos generados por el auge económico, sólo beneficiaron a un reducido grupo que se enriqueció a costa del empobrecimiento de la mayor parte de la población. Entre los privilegiados se encontraba la Iglesia que caminaba con pie seguro sobre la paz de cementerio que reinaba en el porfiriato.

La Revolución Mexicana y su concreción jurídica en la Constitución de 1917, identificó claramente que las jerarquías católicas formaban parte importante del grupo poderoso a quienes se había derrotado con la lucha armada, por lo que, en la Carta Magna, se definió una laicidad de corte anticlerical restringiendo la actividad social y política de las iglesias, prohibió la educación religiosa y la participación política de sus integrantes, les negó la personalidad jurídica y adquisición de bienes.

Si bien los postulados constitucionales en materia religiosa no se aplicaron con apego estricto a lo establecido, la dinámica de los gobiernos postrevolucionarios, sobre todo en sus primeros años en los que la estabilidad política estaba en proceso, iba a endurecerse. La iglesia volvía a distanciarse de los grupos de poder, pero no rompió del todo su vínculo con ellos. A finales de los veinte las tensiones crecieron llegando al levantamiento de la Guerra Cristera (1926-1929). El enfrentamiento armado fue el punto más álgido de esta relación y mostró el poder que tienen las ideas religiosas radicales cuando arraigan en la sociedad. Ante tal experiencia, tanto el Estado como la jerarquía católica, establecieron en su relación posterior lo que se conoce como *modus vivendi*, una relación pacífica, no carente de tensiones, que les permitió convivir guardando siempre una distancia prudente entre uno y otra.

Las Leyes emanadas de las dos Constituciones referidas establecieron los principios jurídicos de un Estado laico y democrático, sin embargo, los gobernantes y las jerarquías católicas en estos periodos de ordenamiento económico, político y social, no dejaron de tener una estrecha vinculación; mantuvieron abierta la puerta de la negociación, establecieron acuerdos y cuidaron mutuamente de sus intereses.

Al margen de estas relaciones, una parte de la iglesia buscaba llevar a cabo su ministerio de otra manera. Ministros que no accedían a los privilegios se identificaron con causas sociales, materia históricamente desatendida por la iglesia católica. Fue en Europa donde más interés se dio a este asunto, y si bien no fue lo mismo en nuestro país, sus ecos contribuyeron a allanar el camino de una iglesia más vinculada a los pobres y marginados que, muchos años después, se constituyó en una fuerza social verdadera.

Uno de los aportes que iniciaron con esta transformación lenta pero constante, la promovió el papa León XIII, cuando en 1891 publicó la encíclica *Rerum Novarum*, en la que se trazaron líneas fundamentales de la doctrina social de la iglesia. Si bien defendía la propiedad privada y no comulgaba con las ideas socialistas, sí reconocía los excesos del capitalismo y pretendía que se alcanzase la convivencia social a través de la justicia y la caridad a fin de resolver los conflictos sociales que cada vez se agudizaban más.

Esta iniciativa contrastaba con el papel que la Iglesia había jugado durante muchos años, ajena a las necesidades de los menos favorecidos, ejerciendo el poder económico y político junto con los gobiernos. Desde la máxima figura del catolicismo mundial se planteaba un camino distinto que, como todo lo nuevo, generaría conflictos y divisiones dentro de la propia Iglesia.

Junto a las propuestas legales, necesarias para dar soporte constitucional al país y una directriz de su política frente a lo religioso, la iglesia social, más allá de las jerarquías, iba abriendo espacios que entendían la religión y su papel social de otra manera. No obstante esta ampliación de perspectivas, la jerarquía católica mantenía su influencia en los grupos sociales que, profundamente religiosos e institucionales, podían ser conducidos todavía hacia donde mejor conviniera a los intereses de la institución religiosa. La fuerza social e institucional se dio en la Guerra Cristera donde participaron algunos sacerdotes, pero, sobre todo, feligreses que se levantaron en armas contra el gobierno, pero al final, esta militancia pobre terminó perdiendo y la institución religiosa que los encauzó hasta tomar posturas radicales, buscó espacios de negociación y reconciliación.

Años después, el desarrollo de la iglesia social en México iba a cambiar identificándose con una feligresía que cada vez, con más energía, pedía al Estado reivindicaciones sociales más profundas y transformadoras, y no reconocía en la institución religiosa jerárquica el liderazgo para llevar a cabo sus demandas. Este distanciamiento, aunado a la presencia cada vez mayor de iglesias cristianas protestantes, evangélicas, pentecostales y neo-pentecostales, requería del Estado mexicano una postura más comprensiva del hecho religioso, a fin de atender la creciente diversidad sin violentar los principios de laicidad.

III

En los siguientes cincuenta años, el Estado y la iglesia católica establecieron, una vez más, relaciones cercanas. En el inicio de esta etapa con Manuel Ávila Camacho, quien desde el inicio de su administración reconoció abiertamente su filiación religiosa, el escenario se tornó propicio para la iglesia católica que se sintió libre de guiar a su feligresía cuidando siempre que sus acciones fueran de la mano con las de la patria. La institución religiosa se constituyó en un aliado fundamental para el proyecto gubernamental. Se podía ser patriota y cristiano a la vez, tal como lo dijera el propio presidente.

La iglesia guardó silencio frente a las injusticias y la pobreza, reservó sus críticas y defendió las propuestas del Estado. A lo largo de esos años, grupos de indígenas, campesinos, obreros y estudiantes se distanciaron de la iglesia conformando un sector en pleno proceso de secularización.

En los años sesenta el Concilio Vaticano II cimbró a una iglesia acomodada en sus privilegios, ajena a su labor social. La propuesta de reorientar el rumbo hacia la conformación de sociedades más justas e incluyentes, estableciendo como metodología el análisis de la realidad social como base de la acción pastoral, desajustó la organización de la iglesia, sobre todo por la conformación de grupos de creyentes críticos de las jerarquías eclesiásticas.

En esos años, sin protagonismo, pero ganando terreno paulatinamente, las iglesias cristianas sumaron adeptos sobre todo en el ámbito rural y pequeñas poblaciones del sur y sureste del país. Si bien la iglesia católica seguía siendo mayoritaria, fue perdiendo el monopolio religioso. Otras tradiciones cristianas estaban ocupando lugares que la iglesia católica había descuidado. Un antecedente importante para dicho posicionamiento lo constituyó el Instituto Lingüístico de Verano que se dio a la tarea de alfabetizar grupos indígenas tomando como base de su labor, el estudio de la Biblia.

Los procesos de evangelización en esta zona del país estuvieron encabezados por iglesias protestantes históricas (Bautistas y Presbiterianos), pentecostales (con diversas denominaciones), y bíblicas no evangélicas (Adventistas, Testigos de Jehová y Mormones), y se dieron en un marco en el que imperaban creencias religiosas tradicionales, lo que dio como resultado la fragmentación de credos en una diversidad de iglesias y asociaciones con contenidos doctrinales y organizativos también diversos. (Hernández/Rivera, 2009)

En las regiones del centro, occidente y norte del país, el avance de cultos no católicos fue relativamente bajo, no obstante, pueden identificarse procesos de diversificación religiosa. Cabe mencionar que la incursión de grupos religiosos cristianos y su arraigo en la población no experimentó procesos de crecimiento constante, sino que hubo momentos de crecimiento y otros de pérdida de presencia, sobre todo esto último en los ochenta.

Un caso emblemático en la región occidente es el nacimiento y expansión de la Iglesia de la Luz del Mundo. Se trata de una iglesia de origen mexicano que ha mostrado tener un arraigo notable en parte de la población nacional y en otros países; su presencia ha sido importante también en el ámbito de la vida política, sobre todo en el estado de Jalisco.

El centro del país tiene características distintas respecto a los procesos de diversificación religiosa. En primer lugar, la Ciudad de México tiene un comportamiento mucho más tolerante y comprensivo frente a estos cambios, su población tiene mayor capacidad para convivir con la diferencia. En contraste ciudades como Puebla, Tlaxcala y Cuernavaca son menos abiertas a esta nueva composición poblacional. El estado de Hidalgo tiene un comportamiento un tanto distinto, dada su alto porcentaje de población rural e indígena, la diversidad religiosa se ha incrementado y ha entrado en conflicto con poblaciones con una tradición católica tradicional.

Como podemos ver, la diversidad religiosa en México es un proceso cada vez más patente. Si bien ha necesitado varias décadas para afianzar su arraigo, lo cierto es que, después de las reformas constitucionales de 1992, el aumento ha sido amplio y sostenido.

Comparativos de los últimos censos permiten apreciar dicha tendencia. Entre el Censo 2020 con el del 2010, los datos más significativos son: católicos pasaron de ser 82.7% de la población a 77.7%; protestantes y evangélicos de 7.5% a 11.2%; los no creyentes de 4.7% a 8.1% con un adicional de 2.5% sin adscripción religiosa.

Como hemos mencionado, México está en franco proceso de diversidad religiosa lo que ha ido generando profundas transformaciones culturales y sociales cuyas demandas deben ser atendidas. Como Estado y sociedad, no sólo interesa reconocer la diversidad, sino establecer condiciones para que ésta transite hacia una verdadera pluralidad que respete y valore las distintas formas de creer y practicar una religión.

Los cambios que conllevan estas transformaciones no se limitan a la adhesión confesional o al paso de una a otra, sino a la manera como la población experimenta lo religioso o lo espiritual. (De la Torre, 2021)

En un marco de transformaciones políticas y la maduración de una sociedad cada vez más organizada, plural, crítica y participativa, las tensiones entre los grupos religiosos y otros movimientos sociales en la vida pública crecen. Esta tendencia demanda por parte del Estado, capacidad para entender dicha transformación social y, sobre todo, gestionar los procesos de gobernanza en el marco del Esado laico.

IV

En 1992 se lleva a cabo la reforma constitucional a los artículos 3º, 5º, 24º, 27º y 130º. Los principios constitucionales propuestos en esta reforma y que rigen, desde su promulgación, la relación entre el Estado y las iglesias en México quedan expresados de manera sintética en cuatro puntos: personalidad jurídica; régimen patrimonial; libertad en materia religiosa; situación jurídica de los ministros de culto.

La iniciativa, promovida por Carlos Salinas de Gortari, buscaba modernizar el vínculo con la iglesia católica y reestablecer relaciones diplomáticas con El Vaticano, hecho que contribuyó a legitimar su gobierno. La propuesta, aprobada en la Cámara de Diputados en diciembre de 1991 y publicada en el Diario Oficial de la Federación en enero de 1992, provocó un debate saludable sobre la necesidad de que en las leyes debían considerar la pluralidad religiosa del país, lo que tendría como consecuencia el fortalecimiento del Estado laico. Para Bernardo Barranco, el verdadero Estado laico en el México moderno surge con las reformas de diciembre de 1991 (SEGOB, 2012)

El reconocimiento jurídico de las agrupaciones religiosas visibiliza a las religiones minoritarias y las posiciona, en el marco legal, con un estatus igual a las mayoritarias. Este hecho además de contribuir a dar transparencia a las relaciones Estado iglesias, promovió mayor presencia de iglesias minoritarias en la vida pública del país. Ante la diversidad religiosa en ascenso, se hacía necesario por parte del Estado una mayor apertura y capacidad para entender los cambios que se estaban generando.

En el ámbito social, la ampliación del espectro religioso trajo consigo transformaciones en las necesidades y los comportamientos de las personas. El cambio de religión a partir de finales del siglo pasado hasta nuestros días se ha convertido en una acción social cada vez más frecuente. Muchos temas religiosos, antes sin relevancia, se volvieron centrales y, en algunos casos, motivo de controversia.

Actividades vinculadas a lo religioso consideradas como "naturales", fueron cuestionadas con mayor frecuencia por grupos emergentes al destacar que vulneran la laicidad del Estado. Las vacaciones decembrinas por motivos navideños, suspender labores en Semana Santa, poner imágenes e instalaciones religiosas en espacios públicos, fueron vistas como signos de privilegio de una religión sobre otras.

Si bien la iglesia católica resintió la incursión de nuevos cultos y cuestionó a la Secretaría de Gobernación por la entrega de muchos registros constitutivos, no perdió su posición y mantuvo, después de la reforma de 1992, sus relaciones con funcionarios de gobierno de alto nivel. El repunte de su presencia e insistente injerencia en las políticas públicas se dio tras el triunfo del PAN en las elecciones presidenciales de 2000.

Con la llegada de gobiernos de corte conservador (Fox y Calderón), muchas de las jerarquías religiosas, sobre todo de la iglesia católica, pero no sólo, empezaron a involucrarse en acciones del Estado. Animados por las posturas de los gobernantes en turno, buscaron fijar una manera de entender la vida social e individual a la luz de principios ético-religiosos.

En el nuevo escenario político las voces de estos grupos religiosos conservadores fueron promovidas con la intención de poner en la agenda pública la presencia religiosa en los contenidos de la educación pública, la sexualidad y la familia.

Así como repuntan grupos conservadores, se da una reacción de grupos sociales, religiosos y no, defensores de los derechos humanos. Al interior de la iglesia católica se intensifican diferencias entre conservadores y progresistas, las posibilidades de diálogo entre ellos muchas veces terminan en rupturas, más que consensos.

Los grupos religiosos progresistas fueron encontrando resonancia con otros grupos sociales que pugnaban por la no discriminación, el respeto y construcción de una democracia más participativa. Estos grupos reconocen al Estado laico como punto de partida para la conformación de una sociedad inclusiva, plural, garante de las libertades individuales y colectivas.

Frente a ellos, y aprovechando la coyuntura política del poder panista, los grupos conservadores presentaron iniciativas legislativas para ampliar los derechos políticos de las asociaciones religiosas: medios de comunicación concesionados a las asociaciones, educación religiosa, participación en proselitismo político en tiempo de elecciones, ser votados.

Esta tendencia no desapareció con la salida del PAN de la presidencia. Con Peña Nieto, el proceso de inclinación del gobierno hacia la jerarquía de la iglesia católica crece. La Conferencia del Episcopado Mexicano nombró presidente a José Francisco Robles Ortega, muy cercano al grupo Atlacomulco. En este periodo se privilegió la mirada de una religión y, de alguna manera, se hizo aliada para conducir al país, en detrimento de otras expresiones religiosas, lo que ponía en cuestión el papel del Estado como garante de la equidad y protección de las minorías.

La política de privilegio a una religión traía consigo riesgos, por ejemplo, intervenir como religión en asuntos del Estado, minimizar la diversidad religiosa existente, promover posturas intolerantes frente a otras confesiones, acallar las demandas de grupos defensores de los derechos de minorías, retroceder frente a derechos conquistados, imponer visiones estrechas de la realidad.

El escenario para la administración que entró en 2018 revestía diversas tensiones y parecía abrir para grupos religiosos no católicos, márgenes de presencia pública más amplios. Desde mi punto de vista, unos de los retos más significativos frente a lo religioso en la nueva administración, está en tener la capacidad de establecer diálogos con los distintos actores religiosos reconociendo su presencia en la vida pública del país, promoviendo la colaboración en acciones sociales, mismas que las comunidades religiosas realizan, cuidando en todo momento el respeto del Estado laico. Se trata de promover acciones de gobernanza reconociendo el importante papel del actor religioso en la vida pública del país.

V

¿Cómo gestionar la presencia de las religiones en la vida pública del país? ¿Qué es necesario hacer? ¿Qué se está haciendo?

En este proceso para identificar los cómos de la gestión Estado-Iglesias en la presente administración, es importante tomar en cuenta el discurso que el presidente Andrés Manuel López Obrador ha tenido, en el que se ponderan los principios morales con que cuenta el pueblo mexicano como un capital ético presente a lo largo de la historia, y representa uno de los factores más importantes para que México siga en pie. La memoria histórica, la sabiduría cultural, la espiritualidad son pilares sobre los cuales, el gobierno actual, sienta sus bases.

La alusión constante a principios ético-religiosos para conformar una sociedad fuerte, ha ido prefigurando un estilo de hacer política. Dicha narrativa marca diferencias entre quienes defienden un *status quo* centrado en valores económicos, generadores de pobreza e injusticia y quienes, víctimas de estos grupos que han detentado el poder durante décadas, son portadores de una serie de valores en los que la buena voluntad se privilegia.

Más allá de esta postura que para muchos ha servido para polarizar a la sociedad, el discurso ha reconocido un valor que en administraciones anteriores no había estado presente: en aquellas se consideraba a las jerarquías religiosas como actores importantes para orientar políticas de Estado; en la actual, el presidente enfatiza la cualidad creyente del pueblo mexicano, lo pone en primer plano, y reconoce el sentido profundo que, para las diversas culturas del país, tiene la espiritualidad.

Si bien un planteamiento así puede entrar en terrenos muy delicados al promover acciones desde principios moralizantes, con poco espacio para el diálogo y disenso, y tendientes a establecer posturas maniqueas, abre la posibilidad de recuperar la presencia de actores históricamente excluidos y reconocerlos como sujetos de su propio desarrollo.

Las críticas al gobierno actual catalogándolo como populista, ocupado en manejar la voluntad popular esgrimiendo valores ético-religiosos, no toman en cuenta que la sociedad mexicana ha experimentado cambios significativos, ha sido parte activa de procesos políticos de largo aliento, en el que ha ganado capacidad para leer la realidad y constituirse en actor político.

La constante mención por parte del presidente a la capacidad del pueblo de saber lo que quiere y exigir, en esa medida, acciones acordes a sus intereses, promueve una autopercepción popular más positiva y digna. Quienes no ven estos cambios, continúan pensando que la sociedad mexicana, en general, es incapaz de entender lo que le conviene, no sabe organizarse y está a expensas de lo que el gobierno tenga a bien darle.

Partiendo de que la sociedad mexicana, sobre todo en espacios urbanos, se ha vuelto más participativa y crítica, cabe preguntarse, ¿qué papel juegan comunidades religiosas en dicha transformación?

Un primer aspecto a destacar, es la presencia creciente de grupos religiosos diversos, lo que pone en cuestión la postura de privilegio que, durante siglos, tuvo la iglesia católica. La multiplicación de perspectivas religiosas conlleva dinámicas sociales nuevas. Por una parte, las instituciones religiosas buscan posicionarse en espacios donde puedan detentar mayor dominio en competencia con otras; las feligresías, por otra, portadoras de distintas creencias, muchas veces ven a los integrantes de las distintas confesiones como competidores y, en algunos casos, como enemigos de su fe. Los grupos religiosos, sumados a otros que también luchan por hacerse visibles en el espacio público, van configurando una sociedad diversa con poco oficio para el diálogo y la conciliación.

La proliferación de actores sociales, en este caso religiosos, defensores de causas que buscan ser legitimadas, conlleva tensiones sociales, entre ellas destacan: a) cuando la diversidad religiosa no va de la mano con una cultura pluralista promotora de derechos, libertades religiosas, y no discriminación; b) cuando los grupos religiosos compiten para imponer, en la esfera pública, sus creencias; c) cuando las religiones buscan imponer sus valores morales en la política formal; y, d) cuando la política tiene una presencia religiosa que impone su visión, en detrimento de derechos y reivindicaciones ciudadanas. (De la Torre y Semán, 2021)

Al hablar de las relaciones entre Estado y religiones, muchas veces se piensa que éstas son instituciones homogéneas, no obstante, al interior de las comunidades religiosas hay una gran diversidad, primero respecto a sus creencias y ritos, pero también, y muy importante, dentro de una misma religión según la manera de entender su ministerio.

Del mismo modo, según el interés del grupo religioso, establecen relación con los gobiernos tanto federal, estatales, como municipales. Asimismo, los integrantes de los gobiernos, que también tienen intereses diversos, se relacionan, ya sea con las cúpulas eclesiales o con grupos que trabajan en proyecto de atención a poblaciones marginadas y en favor de los derechos humanos, por citar solo alguna diferencia. Muchas veces estas vinculaciones están enfrentadas entre sí.

Heinrich Wilhelm propone, para revisar las distintas praxis políticas de grupos protestantes (que bien puede extenderse a otras confesiones), una distinción que identifica rasgos según compromisos políticos: **Esperanza en el más allá** son aquellos centrados en la salvación eterna y no son políticos activos; **Valores del Reino de Dios** buscan que se acepten dichos valores en el mundo a través del servicio; **Ley divina** pretenden hacer valer la ley de Dios de una manera legalista; **Gerencia & Prosperidad** proponen controlar el sistema político apoyándose en las doctrinas de prosperidad. Los tipos Gerencia y Ley suelen estar formados por la derecha religiosa, en tanto que los de Valores del Reino, la izquierda. (De la Torre y Semán, 2021)

El ejemplo anterior, más que pretender el análisis de cada grupo, permite ilustrar la existencia de distintas prácticas basadas en la fe y su relación con el Estado, lo que demanda de éste una comprensión mayor de los asuntos religiosos y el papel que juegan en la esfera pública. En este sentido, hay que subrayar el carácter público de lo religioso, para dejarlo de inscribir en la esfera privada solamente, y considerarlo en el devenir social, económico, cultural y político.

Este reconocimiento, permite plantear el asunto de la separación entre Estado e iglesias de una manera distinta. Casi siempre se cuestiona por qué el gobierno establece vínculos de colaboración con las comunidades religiosas, que lo mejor sería no tomarlas en cuenta, darles su espacio de libertad para que en los templos prediquen su doctrina, no involucrarlas en tareas sociales que solo corresponden al Estado. La cuestión es que las comunidades religiosas están presentes en el territorio, llegan a donde no llega el gobierno, se encuentran estrechamente vinculadas en el día a día de la población y cuentan con su confianza; por eso más que fijar la atención en la práctica del culto religioso, es fundamental no perder de vista su importancia en la vida social: la fiesta, el duelo, los modos de comportarse. Muchas comunidades religiosas promueven acciones encaminadas al bien común, ya sea mediante la asistencia social o con programas de mayor hondura y trascendencia. El asunto debe plantearse no en términos de si se involucran o no, sino de qué manera el gobierno gestiona su presencia social.

Partimos de reconocer lo religioso como una dimensión sustantiva de la vida humana individual y colectiva, no obviamos la presencia histórica que ha tenido, sobre todo, la iglesia católica y por qué fue necesario, para conformar el país que somos, separarla de la esfera política; pero tampoco el que sigue teniendo un peso importante en el sentir y quehacer de las personas y que, junto a los católicos, están los más de diez millones de feligreses de otras denominaciones cristianas y cientos de miles no cristianos.

El gobierno tiene que promover el conocimiento y valoración de la diversidad religiosa y atender los retos que ello conlleva. El principio de laicidad debe tener como centro el cómo se logra generar condiciones de equidad para todos los grupos. La tarea tiene que ver con formar una ciudadanía más consciente de la diversidad que nos conforma como país, tanto en lo religioso como en otros campos, a fin de transitar a una sociedad plural.

El diálogo entre comunidades religiosas y Estado se constituye en premisa básica para lograr un avance sustantivo en la promoción del respeto y la convivencia pacífica. Toca a la autoridad civil desarrollar estrategias para propiciar los encuentros, sin privilegiar a un actor religioso sobre otros, y sin dejar que sus intereses particulares interfieran en las decisiones políticas del gobierno.

Para lograr avances en este sentido, será necesario poner sobre la mesa el tema religioso, lo que supondrá mayor conocimiento del mismo y capacidad para plantear estrategias que beneficien a la población. La propuesta es centrar la atención en la feligresía más que en las jerarquías religiosas, conocer cómo viven su religión y qué esperan de un gobierno que tiene la obligación de garantizar su derecho a creer o no creer. La población, en su mayoría, está convencida que no quiere a las religiones metidas en la política, pero sí un gobierno que sepa respetar las creencias de las personas sin excluir ni privilegiar a ninguna.

Mirar a los creyentes no implica dejar de lado el diálogo con las jerarquías eclesiásticas, pero un gobierno capaz de entender el sentido religioso de quienes creen, puede establecer con mayor claridad temas comunes con la institución religiosa. Para llevar a cabo un acercamiento de este tipo, se requiere, por supuesto, de la buena disposición de las autoridades religiosas, cuestión nada fácil, dada la historia de privilegios y acceso al poder que algunas de ellas han tenido. Las jerarquías religiosas también están llamadas a cambiar, a conocer mejor a sus feligreses que, en su mayoría, viven una religiosidad desapegada de los cánones que, las iglesias, pretenden mantener a toda costa.

Si el gobierno continúa esgrimiendo un concepto de Estado laico estático y ahistórico, y entiende que cualquier colaboración con las iglesias representa una violación a este principio, difícilmente podrá transitar a una relación con las comunidades religiosas más adecuada según las transformaciones sociales que se viven. La laicidad no debe entenderse como una postura anticlerical, sino como una que respeta lo diverso y trabaja por conformar espacios de convivencia en los cuales no haya intolerancia ni exclusión. Hablamos de proceso, más que de concepto. El Estado laico, con su carácter dinámico, es fundamental para la conformación democrática.

Recobremos la historia, aprendamos de ella, releamos las situaciones vividas y establezcamos nuevas perspectivas. Pongamos atención en los cambios que experimenta la sociedad en su conjunto e intentemos replantear nuestras preguntas para la construcción de un país incluyente y democrático.

Trabajemos coordinadamente para establecer, como plantea John Paul Lederach, nuevos diálogos, hoy en día improbables, pero no imposibles.

Bibliografía

Blancarte, Roberto (Coord.) (2018), *Diccionario de religiones en América Latina*, Ciudad de México, Fondo de Cultura Económica y El Colegio de México.

De la Torre, Renée y Semán, Pablo (Eds.) (2021), *Religiones y espacio público en América Latina*, Buenos Aires, CALAS, CLACSO.

De la Torre, Renée, Gutiérrez, Cristina y Hernández, Alberto (Coords.) (2020), *Reconfiguración de las Identidades Religiosas en México*, Ciudad de México, CIESAS y Colegio de la Frontera

Garman, Carlos, Ariel Corpus y María del Rosario Ramírez Morales (Coords.) (2021), *Religión y política en la 4T. Debates sobre el estado laico*, Ciudad de México, UAM Xochimilco.

Panotto, Nicolás (2019), *Religiones, política y estado laico*, Santiago de Chile, Otros Cruces.

SEGOB, (2012), *El estado mexicano frente a las Asociaciones Religiosas. Vigésimo aniversario de la reforma constitucional en materia religiosa 1992-2012*, Ciudad de México, SEGOB.

Simpson, (1986)

Tapia, Toribio, (coord.) (2018), *Discernimiento y participación política. Reflexiones interdisciplinares*, Ciudad de México, Buena Prensa y Universidad Pontificia de México.

Comunidades Religiosas, Laicidad y Democracia, Horizontes de Diálogo

Jimena Esquivel Léautaud
Directora de Respeto y Tolerancia a la Diversidad Religiosa para la Construcción de Paz
Dirección General de Asuntos Religiosos, Secretaría de Gobernación

El presente texto recoge algunas ideas, así como parte del debate y análisis desarrollado en el seminario *Comunidades Religiosas, Laicidad y Democracia, Horizontes de Diálogo en la Construcción de Paz*, organizado por la Universidad La Salle y la Fundación Konrad Adenauer los días 17 y 18 de mayo 2023, particularmente del segundo panel cuyo eje temático fue: Participación de las iglesias en estrategias de paz ¿vulnera la laicidad? Una mirada comparada México-Colombia.

La violencia parece rebasar al Estado y requiere de la participación de todos los actores sociales, incluidas las iglesias

Aunque resulte difícil de creer y de reconocer, todos y todas generamos violencias, pero la buena noticia es que también todos y todas podemos ser constructores de paz. La situación actual de violencia e inseguridad que vive México requiere la participación de todos los actores sociales, nadie puede ser excluido, ni tampoco autoexcluirse; incluso aquellos que histórica y tradicionalmente no se vinculan, no se convocan para colaborar ni trabajar juntos, hoy son necesarios. Ahí cabe mencionar a las comunidades religiosas como actores sociales muy importantes que desde siempre han estado presentes en nuestro país y en otros países de la región, como es el caso de Colombia, con una importante acción social que va desde la atención y acompañamiento de grupos vulnerables, la educación y capacitación, la conformación de redes, hasta la incidencia en política pública.

Al preguntarnos cuál ha sido el balance de la participación de las comunidades religiosas en los procesos de paz, tanto en Colombia como en México, tendríamos que empezar por hablar del caso colombiano en donde explícita y claramente el esfuerzo de las iglesias en la construcción de paz ha sido enorme, pero al mismo tiempo un trabajo invisible e incluso en algunos casos ocultado.

Invisible porque es un trabajo que está y se ve en las regiones, es decir, en el campo, en los espacios rurales y no tanto en las grandes ciudades. Ahí es donde las iglesias acompañan a las comunidades y hacen un trabajo enorme. **Oculto** porque hay instituciones que no han permitido la visibilización de las iniciativas de paz promovidas por las iglesias y demás grupos religiosos que trabajan en el tema. Sin duda ha habido mucha participación, cabe mencionar, por ejemplo, que en todas las mesas de negociación de los diferentes procesos de paz siempre ha estado representada la iglesia católica, su presencia ha sido de forma muy distinta, dependiendo de cómo lo han requerido los gobiernos de turno o el actor armado, en algunos casos como garante, como facilitadora o simplemente como acompañante.

Además, hay que señalar que el papel de la participación de las iglesias en la paz de Colombia es diferencial entre la iglesia católica a otras iglesias y comunidades religiosas. La primera es la iglesia mayoritaria en el país y dentro de ella hay un sector muy comprometido con los temas de paz que ha hecho históricamente muchos esfuerzos (diálogos pastorales para salvar secuestrados, acompañar procesos de desmovilización, negociaciones, procesos de conversa y desarme, atención y acompañamiento a víctimas.

Hay una porción muy significativa, cada vez más amplia de agentes de iglesia convencidos de que les toca hacer algo. Se trabaja de manera conjunta con el gobierno colombiano en monitoreo a cese al fuego, agendas territoriales de paz, programas de desarrollo, mesas de negociación de acuerdos de paz.

Muchos espacios que después se entregan a la sociedad civil, con facilidad se olvida que estuvieron en un inicio animados y coordinados por la iglesia. Un ejemplo es la Misión de Observación Electoral (MOE), un ejercicio donde la iglesia siempre ha estado involucrada, en muchos territorios es precisamente la Pastoral Social de la iglesia católica la encargada de dicho espacio; aunque hoy ya está en manos de sociedad civil, es importante reconocer que permanece por la estructura y organización de las iglesias en el ámbito local.

Hay otro sector de la iglesia que estuvo muy metido en los procesos de violencia. La Comisión para el Esclarecimiento de la Verdad, la convivencia y la no repetición (Comisión de la Verdad) da cuenta de eso muy claramente. Antes de comentar al respecto, resulta importante señalar que esta Comisión de la Verdad se creó en el marco del Acuerdo Final para la terminación del conflicto y la construcción de una paz estable y duradera, suscrito entre el Gobierno de Colombia del entonces presidente Juan Manuel Santos y las Fuerzas Armadas Revolucionarias de Colombia- Ejército del Pueblo FARC-EP, mediante el Acto Legislativo 01 de 2017 y el Decreto 588 de 2017, con el objetivo de conocer la verdad de lo ocurrido en el marco del conflicto armado y contribuir al esclarecimiento de las violaciones e infracciones cometidas durante el mismo. (Hay futuro si hay Verdad. Legado Comisión de la Verdad, 2022). De acuerdo con José Fabio Naranjo, integrante del Movimiento Internacional de Intelectuales Católicos, en la Conferencia sobre la posición de las Iglesias Frente al Conflicto armado en Colombia y ante la posibilidad de Paz, que forma parte de los diversos productos e instrumentos generados por la Comisión de la Verdad, se pueden identificar más de 100 sacerdotes y religiosas que apoyaron directamente a los grupos insurgentes. Algunos de ellos incursionaron en la violencia, empuñando las armas, sacerdotes muy representativos como Camilo Torres, Bernardo López o la religiosa Leonor Guerra hasta otros que en el otro lado, el de la extrema derecha, estuvieron aliados o detrás de grupos paramilitares que consentían y promovían la violencia contra partidos políticos de izquierda, militantes o personas a quienes se consideraba había que eliminar (prostitutas, adictos...) bajo una dinámica perversa conocida como "limpieza social" o "escuadrones de la muerte" y que muchas veces estuvo auspiciada por ciertos sacerdotes.

La participación en acciones de paz por parte de otras iglesias ha ido en aumento de manera proporcional a como crece la libertad de culto en el país. Si bien siempre ha existido en el papel, no lo era así en la realidad, en la medida en que las iglesias fueron empoderándose, su participación en acciones de paz es también cada vez más pública. Hay sectores religiosos de las minorías no cristianas que se han involucrado fuertemente, hay algunas iglesias muy comprometidas como la Iglesia Cristiana Menonita de Colombia, cuya organización Justapaz actúa desde la identidad Anabautista, con personas, iglesias y organizaciones sociales que buscan el ejercicio de una ciudadanía activa, y el vivir en plenitud sus derechos, aportando desde su ser y quehacer en la construcción de una sociedad justa, no violenta y en paz con toda la creación, esta organización es una aliada clave de la iglesia católica. Sin embargo, hay otro sector cristiano, que se conoce comúnmente como Iglesias de la Prosperidad y tienen en jaque a la democracia al comercializar sus votos, se trata de una extrema derecha vinculada con temas Provida e incluso hasta lavado de dinero, pero en proporcionalidad a la comprensión a partir de 1991 ha sido mayor la actuación de las iglesias no convencionales en la construcción de paz.

El caso de México

La iglesia católica, mayoritaria en el país, desde siempre tiene trabajo y participación en lo local, en las comunidades. Las iglesias son las que meten el hombro y se la juegan todo el tiempo, acompañan, atienden, acuerpan. El balance de esa participación es muy importante y valioso, muchas comunidades no habrían podido sobrevivir los embates de las violencias y la inseguridad en nuestro país de no ser por las iglesias, por su apoyo, sus redes y su acompañamiento.

Sin embargo, si hablamos de la iglesia católica jerárquica como institución, es importante señalar que le ha tomado mucho más tiempo asumir su papel estratégico en la construcción de paz y le ha costado comprometerse con una estrategia clara y contundente. Si bien hizo un análisis profundo de la realidad desde el 2010, año en el que los obispos publicaron su exhortación pastoral sobre la misión de la iglesia en la construcción de paz para la vida digna del pueblo mexicano: *"Que en Cristo nuestra paz, México tenga vida digna,"* (Conferencia del Episcopado Mexicano, 2010) en la cual comparten su discernimiento sobre la misión de la iglesia en la realidad de violencia que se vive en México y a partir de ese acercamiento señalan tareas y compromisos de la iglesia para contribuir a la pacificación, sin embargo, me parece que no se han asumido con contundencia como un actor clave en la construcción de paz. A veces pareciera como que es la idea, iniciativa o proyecto de uno o dos obispos solamente, pero no como una apuesta conjunta de toda la conferencia episcopal. A partir de la exhortación ya señalada se generaron diferentes acciones e iniciativas de construcción de paz buscando hacer incidencia social, política y cultural.

Vale la pena señalar que, al inicio de la actual administración gubernamental, se produjeron enormes expectativas sobre cuál sería la ruta para los temas de seguridad que tomaría el gobierno y la definición por una estrategia diferente que apostaba a la construcción de una paz positiva que no se limita solo a la ausencia de guerra, sino que busca atender las violencias culturales y estructurales. Así al hacer un recuento de lo que ha sido la vinculación del gobierno actual con las iglesias para el trabajo de construcción de paz, vale la pena señalar que como presidente electo, Andrés Manuel López Obrador (AMLO) se reunió con la iglesia católica quien le expuso su propuesta de Paz, más adelante se realizaron Foros de diálogo por la paz, denominados "Foros de escucha para trazar la ruta de pacificación del país y la reconciliación nacional" coordinados por Loretta Ortiz, quien estaba al frente del Consejo Asesor para Garantizar la Paz, en dichos Foros, participaron actores religiosos importantes principalmente de la iglesia católica pero también de otras denominaciones. Se trato de un primer paso en la construcción de diálogo entre gobierno y sociedad que duró un periodo corto de dos meses y medio, de agosto a octubre de 2018, se realizaron más de 10 foros, algunos incluso de orden regional, (ver cuadro 1 y 2), sin embargo, a pesar de que su objetivo era de alguna manera legitimar las futuras reformas o acciones políticas, se generaron tensiones y divisiones difíciles de superar y no se logró avanzar como se esperaba, en algunos estados tuvieron que suspenderse por cuestiones de seguridad. Una vez ya siendo gobierno, se realizó una reunión en la Universidad Pontificia con la Conferencia del Episcopado Mexicano (CEM), en la que además de actores de la iglesia católica, participaron algunos empresarios, líderes de organizaciones sociales y autoridades de gobierno, se propuso la creación de un Consejo Nacional de Paz, y se planteó en el Plan Nacional de Desarrollo. Se decidió manejar la Estrategia Nacional de Seguridad Pública desde la Secretaría de Seguridad y aunque en la

Subsecretaría de Desarrollo Democrático, Participación Social y Asuntos Religiosos de la Secretaría de Gobernación (SEGOB) también se colocó el tema de construcción de paz, el Consejo Nacional de Paz no prosperó y la apuesta ha sido la creación de Consejos Estatales de Paz en donde los actores religiosos, particularmente de la iglesia católica han sido muy importantes, por ejemplo en el caso de Michoacán, (Abrego, 2019) donde la figura del arzobispo de Morelia, Carlos Garfías Merlos fue fundamental. Este es un ejemplo concreto de la importancia que tienen las comunidades y los actores religiosos en este quehacer de construcción de paz y cómo pueden contribuir a establecer espacios de diálogo, generar redes y promover iniciativas de colaboración con otros actores sociales y con los gobiernos.

Cuadro 1. Participantes en los Foros de Escucha

Participantes en los Foros de escucha	
1.	Víctimas
2.	Ciudadanía en su conjunto:
	Mujeres y hombres
	Campesinas y campesinos
	Indígenas
	Académicos y académicas
	Empresarias y empresarios
	Actores sociales
	Comunidades religiosas
	Grupos, colectivos y organizaciones de la sociedad civil
3.	Autoridades locales
	Gobernadores
	Presidentes municipales
	Responsables de la Defensa Nacional y Marina

Fuente: elaboración propia con datos recopilados de Foro Escucha.

Cuadro 2. Fechas y lugares para los Foros (regionales) de Escucha

Fechas y lugares para los Foros (regionales) de escucha	
FECHA	CIUDAD
7 agosto	Cd. Juárez, Chihuahua
9 agosto	Morelia, Michoacán
14 agosto	Torreón, Gómez Palacio, La Laguna, Coahuila, Durango
21 agosto	Cuernavaca, Morelos
28 agosto	Acapulco, Guerrero
11 septiembre	Tijuana, Baja California
14 septiembre	Nezahualcóyotl, Edomex
18 septiembre	Monterrey, Nuevo León
20 septiembre	Saltillo Coahuila
25 septiembre	Puebla, Puebla
27 septiembre	Tlaxcala, Tlaxcala
1 octubre	Guadalajara, Jalisco
4 octubre	León, Guanajuato
9 octubre	Xalapa, Veracurz
11 octubre	Oaxaca, Oaxaca
16 octubre	Villahermosa, Tabasco
24 octubre	CDMX

Fuente: elaboración propia con datos recopilados de Foro Escucha.

En ambos casos nacionales, las iglesias han tenido un papel destacado en procesos de pacificación ¿vulnera, cambia o fortalece la laicidad en su versión mexicana y/o colombiana?

Antes de responder esta pregunta es necesario aclarar que no se puede comparar el Estado laico de Colombia y el de México. En el caso colombiano si bien se declara un Estado laico a partir de su Constitución y está en la obligación de ser neutral y dar trato igualitario a todas las confesiones religiosas, también hay que destacar que existe un Concordato desde 1887, entre El Vaticano y el Estado colombiano, que ha sido renovado y actualizado en diferentes momentos y que aún sigue vigente, el cual regula la relación entre ambos y de alguna manera ha establecido una relación especial permitiendo la actuación y el posicionamiento de la iglesia católica en ciertos asuntos que en otros casos como México podría considerarse violatorio o una transgresión del Estado laico.

Parece entonces que no es funcional hacer un comparativo como tal porque bajo esas condiciones diferentes la iglesia en México, al menos la católica, muchas veces ha hecho lo que ha podido. En el caso de Colombia, la iglesia entendió que debía cambiar su lenguaje y forma de participar en la construcción de paz, asumir su papel de interlocutora de la sociedad civil en el diálogo directo con el gobierno. Mantener su autonomía, peso moral, porque eso le permite decir basta cuando es necesario, por ejemplo, con el expresidente Uribe en su momento, pero entender que debe participar en alianza con otros y otras, tanto comunidades religiosas como sociedad civil en general.

La iglesia católica ha sido capaz de entender cada vez más las necesidades de un Estado pluralista, laico, que dialoga. No se trata de una iglesia sola que habla, sino más bien de un sector religioso dialogante, en donde incluso se han hecho alianzas con minorías o grupos vulnerable con quienes antes era impensable la colaboración o el trabajo conjunto como con la comunidad LGBTTTIQ+ o con grupos feministas.

Desde el año 2000, la iglesia católica colombiana entendió que debía estar del lado de las víctimas, su opción fueron ellas y desde ahí trabajar por un modelo de justicia más integral y coordinado. Ha hecho incidencia política para generar:

- A partir de trabajo de recuperación de registro y memoria de las víctimas, la primera ley de desplazamiento que busca restituir los derechos vulnerados de las víctimas (salud, educación, alimentación, vivienda...)

- Mecanismos de seguimiento de la aplicación de la ley
- Reparación integral de sustitución de tierra para pasar de la Ley 387 de 1997 a la Ley 1448 de 2011 conocida como Ley de Víctimas y Restitución de Tierras, (Ley 1448 de 2011, 2010) la cual establece una serie de medidas judiciales y administrativas, sociales y económicas, individuales y colectivas en beneficio de las víctimas.

Para las sociedades en general es muy significativo ver experiencias de construcción de paz promovidas desde las iglesias, permite redescubrir una nueva faceta y manera de ver las iglesias. Cambiar el concepto que los medios han transmitido de las iglesias en general y también que ellas mismas se han hecho en la sociedad.

Al observar todas las cosas que hacen las iglesias en la construcción de paz, se les comprende mejor ampliando los horizontes de una iglesia social.

También es necesario decir que ha sido una iglesia funcional para el gobierno, mientras colabora a tratar de atender y resolver las problemáticas como las crisis humanitarias, es bien recibida, pero cuando reclama entonces le estorba al gobierno y a los gobiernos, por ejemplo, el expresidente Uribe quiso mostrar que había obispos y sacerdotes divididos, unos que apoyaban a los guerrilleros y otros a los paramilitares. La iglesia ha tenido que aprender a sortear esta polarización y evitar quedarse en las orillas de uno u otro lado.

Sin duda hay un alto riesgo de que sectores radicales de derecha instrumentalicen el rol de las iglesias. Está el ejemplo del MIRA, (Movimiento Independiente de Renovación Absoluta), brazo político de la Iglesia de Dios Ministerial de Jesucristo Internacional, partido confesional con mejores resultados electorales durante las últimas décadas en América Latina.

En México el tema de la pacificación tiene un componente altamente volátil y ambiguo como es el del narcotráfico, en cambio, en Colombia fue la guerrilla ¿Es posible traer la experiencia colombiana a México o habrá que construir un camino en el que no hay claridad de la mediación?

Cuando se dice que en Colombia el componente volátil no fue el narcotráfico sino la guerrilla, hay que precisar que en ambos países la experiencia de la construcción y pacificación, tienen un alto componente del narcotráfico y de la influencia que tiene éste en los grupos paramilitares, guerrillas, bandas criminales, etc, todos montados en la misma plataforma de la destrucción del tejido social y la descomposición de las comunidades.

Ahora bien, se pueden traer elementos de la experiencia colombiana, por supuesto que sí, pero el camino se construye aquí mismo en México, porque la construcción de paz en el enfoque de transformación social se va dando en cada lugar con las connotaciones específicas. Pautas y etapas en el camino que son diversas y varían de país a país e incluso de región a región. Se pueden traer elementos, pero la comprensión del camino se va haciendo en el mismo momento que se va acompañando a las comunidades. La experiencia colombiana destaca la necesidad de trabajar, colaborar con otros y otras, incluidas las iglesias y demás actores religiosos.

Hace unos meses, la DGAR tuvo la oportunidad de dialogar en México con dos obispos, el vicepresidente de la Conferencia Episcopal Colombiana, Mons. Omar Alberto Sánchez Cubillas y Mons. Héctor Fabio Henao, delegado de dicha conferencia para las relaciones Iglesia-Estado, ambos participantes en la mesa de negociaciones entre el gobierno colombiano y el Ejército de Liberación Nacional (ELN), guerrilla colombiana, para alcanzar lo que el presidente Gustavo Petro ha denominado "Paz Total", concepto creado por su gobierno, que convierte la búsqueda de la paz en una política de Estado que incluye la negociación con grupos armados ilegales, pero también poner a la comunidad en el centro de las negociaciones. A partir de ese diálogo se ha desprendido un sentimiento de que ojalá algún día también en México las jerarquías eclesiales, sirvan de manera formal como mediadoras en los procesos de paz y reconciliación, ofrezcan sus buenos oficios, su capacidad de convocatoria y diálogo, su interlocución con diferentes actores para buscar alternativas en la solución de conflictos, en defensa de la tierra y de las comunidades en general.

Los lamentable hechos ocurridos en junio de 2022, cuando dos sacerdotes jesuitas, misioneros en la sierra Tarahumara fueran asesinados en la comunidad de Cerocahui, en el estado de Chihuahua, junto a un guía turístico que buscaba refugio en el templo cuando era perseguido por una persona armada, provocó que la Iglesia en México levantara la voz para exigir al gobierno de Andrés Manuel López Obrador un cambio en su estrategia de seguridad, y convocará a diversas acciones en favor de la construcción de paz, más allá de solo jornadas de oración.

El llamado de la Iglesia católica a la que se sumaron otras iglesias cristianas es atender las causas estructurales de la violencia; se destaca que ningún actor por sí solo podrá resolver la situación de violencia e inseguridad que vive el país, todos los actores en conjunto, autoridades de los tres niveles de gobierno, fuerzas de seguridad, académicos e investigadores, medios de comunicación, partidos políticos, sociedad civil y por supuesto también las comunidades religiosas, tienen el reto de promover un diálogo nacional, que permita repensar la institucionalidad que México necesita y proponer iniciativas de trabajo conjunto para la construcción de paz. De acuerdo con los datos de el periódico El País, para 2022 México había superado ya la cifra de más de 100 mil desaparecidos y asesinados, (El País, 2022) esta terrible cifra debe interpelar a todos y cada uno de los habitantes de este país para reconocer que la salida de esta grave situación se debe generar de manera colectiva donde todos los actores sociales aporten desde sus propios espacios.

Siempre han existido ejemplos de líderes, sacerdotes, pastores, ministros, religiosos que acompañan y ofrecen incluso su vida por el trabajo de construcción de paz, por ejemplo en la defensa del territorio, contra los megaproyectos y las mineras de cielo abierto, acompañando a grupos vulnerables, migrantes, familiares de personas desaparecidas, pueblos originarios, personas privadas de su libertad, enfermos, etc. sin embargo, la mayoría de las veces trabajan solos, sin el apoyo o respaldo de la institución, sin la fuerza y el acuerpamiento de las conferencias episcopales o cuerpos jerárquicos.

Las comunidades religiosas sin duda pueden aportar su quehacer y sus metodologías para acompañar grupos vulnerables, para atender a las víctimas, generar espacios seguros de diálogo y tender puentes. Si bien la participación de las iglesias en Colombia no ha sido unívoca, tampoco lo será en México, pero en la medida en que se sumen más actores, no solo cristianos sino de la diversidad religiosa, seguro se encontrarán más propuestas y caminos de paz.

Referencias:

Abrego, C. (2019). *Michoacán, primera entidad que contará con su Consejo Estatal para la Construcción de la Paz.* Disponible en: https://www.elsoldemorelia.com.mx/local/michoacan-primera-entidad-que-contara-con-su-consejo-estatal-para-la-construccion-de-la-paz-4184355.html

AMLO (2018). *Anuncia AMLO propuesta para realizar: "Foros Escucha para Trazar la Ruta de Pacificación del País y la Reconciliación Nacional".* Disponible en: https://lopezobrador.org.mx/2018/07/22/propuesta-para-la-realizacion-de-foros-para-trazar-la-ruta-de-pacificacion-del-pais-y-reconciliacion-nacional/

Conferencia del Episcopado Mexicano (CEM). (2010). *Que en Cristo Nuestra Paz México tenga Vida Digna* Disponible en: https://cem.org.mx/wp-content/uploads/2022/03/Que_en_Cristo_nuestra_Paz_Mexico_tenga_vida_digna-1.pdf

Comisión para el Esclarecimiento de la Verdad, la Convivencia y la No Repetición (2022). Hay futuro si hay verdad Informe Final de la Comisión de la Verdad. Disponible en: http://comisiondelaverdad.co/

El País, (2022). *El país de los 100.000 desaparecidos.* Disponible en: (https://elpais.com/mexico/2022-05-18/el-pais-de-los-100000-desaparecidos.html)

Ley 1448 de 2011. 10 de junio de 2010. (Colombia). Disponible en: https://adsdatabase.ohchr.org/IssueLibrary/COLOMBIA_Ley%20 1448%20Victimas%20del%20conflicto%20armado%20interno%20y%20se%20dican%20otras%20disposiciones.pdf

Naranjo, Fabio José (2022). *Alrededor de 100 sacerdotes hicieron parte del ELN.* Disponible en: (http://comisiondelaverdad.co/alrededor-de-100-sacerdotes-hicieron-parte-del-eln)

¿Cómo recuperar la canción perdida? Las comunidades religiosas y la construcción de paz en México

Verónica Macías Andere
Dirección General de Asuntos Religiosos SEGOB

Hoy, más que nunca, es preciso soñar.
Soñar, juntos, sueños que se desensueñen y
en materia mortal encarnen.

Eduardo Galeano

Preludio

Entre los himba, pastores seminómadas del sudoeste de Angola y noroeste de Namibia, cuando una mujer está embarazada, va al campo, acompañada de otras mujeres, a *buscar* la canción del nuevo bebé, no van a *crearla*, sino a buscarla, pues ya existe y solo hay que encontrarla. Cuando vuelve a la aldea, le enseña la canción al papá del bebé y cuando nace se la cantan, así como en otros momentos importantes de la vida, cuando se casa, cuando muere. Los himba creen que, si una persona comete una acción inapropiada, es porque perdió su canción y hay que cantársela de nuevo.

¿Y qué tienen que ver las canciones de los himba con las comunidades religiosas y la construcción de paz en México? Quizá quienes trabajamos en la construcción de paz desde distintos campos -entre ellos las comunidades religiosas-, de una u otra forma, estamos buscando la canción olvidada, la nuestra o la de otros, al trabajar con los efectos de las violencias y al buscar la construcción de paz.

Las comunidades religiosas y su trabajo frente a las violencias

Ante las atrocidades tenemos que tomar partido. El silencio estimula al verdugo.

Eli Wiesel

Hablar de violencia exige hacerlo en plural, son *violencias*, porque son muchas y distintas, unas visibles y escandalosas y otras pequeñas, casi imperceptibles, pero que también hacen daño. Conceptos tan grandes como el de *violencia*, requiere entonces del plural, pero también requiere de un apellido, que nos ayude a precisar y a matizar, y así evitar simplificaciones.

Si pensamos en violencias quizá inmediatamente se nos viene a la cabeza el narcotráfico, los secuestros, los homicidios con arma de fuego, el crimen organizado, adultos golpeando a sus hijos, hombres maltratando mujeres; pero también si pensamos en violencias quizá pensemos en un río contaminado, en una caravana migrante, en niños trabajando... Son muchas las violencias que nos acechan y, en muchos casos, hay gente que trata de debilitar sus efectos y combatir sus causas, gente en organizaciones de la sociedad civil, en instituciones gubernamentales, en espacios académicos, en grupos vecinales y, muchas veces, en comunidades religiosas.

Las violencias no siempre tienen un *rostro de violencia,* así como en la mitología griega, cuando los dioses podían adoptar el aspecto humano y comportarse como tales, provocando que no se supiera si era un dios o un ser terrenal, así de confusa es en ocasiones la violencia, se presenta con otros rostros, habla con otros lenguajes y utiliza distintas voces, convirtiéndose en un enemigo difuso y escurridizo, a veces irreconocible, lo cual hace más difícil su identificación y las acciones para debilitarlo.

Podemos echar mano aquí del muy útil Triángulo de Galtung (2003), donde la parte superior equivale al iceberg visible, y representa la violencia directa: el golpe, el grito, el homicidio, el secuestro... Esa que podemos distinguir. Sin embargo, no es la única, en la base de ese triángulo, y mucho mayor que la parte superior, lo sostienen dos violencias: la estructural y la cultural. La primera de ellas se refiere a las instituciones, las leyes, los sistemas injustos e inequitativos; la segunda -más cercana a la violencia simbólica de la que habla Bourdieu desde los años 70- se encuentra en las creencias y en las convicciones. Ante un hecho violento podríamos preguntarnos *qué pasó*, y ubicar la respuesta en la violencia directa; sin embargo, si nos preguntamos *por qué pasó*, la respuesta seguramente se ubicará en la base, en las violencias estructurales y culturales, esas que originan y/o justifican la violencia directa.

Antes de hablar de las comunidades religiosas y su labor para debilitar los efectos de las violencias, es preciso abordarlas desde la diversidad, pues las comunidades son diversas *entre ellas* y *al interior de ellas*. Hay jerarquías que buscan mantener sus privilegios, que prefieren mirar hacia otro lado y no mirar a quien necesita de su ayuda; pero hay muchos miembros de las comunidades religiosas trabajando en territorio, en zonas azotadas por las violencias. Dentro de la misma comunidad religiosa puede haber quienes no estén de acuerdo con quienes existen fuera del marco normativo y crean que deban corregirse o transformarse, y están a favor, por ejemplo, de las terapias de conversión; pero, por otro lado, hay quienes miran las diferencias como maneras alternativas de pensar y actuar y promueven los derechos, por ejemplo, de la diversidad sexual. Los grupos religiosos son ambivalentes, pueden justificar y generar disputas y alimentar violencias, por un lado; y transformar conflictos y generar paz, por otro. Algunos han denunciado las injusticias, pero también hay quienes han sido cómplices de ellas.

En contextos de violencias, hay una invisibilización de muchos actores, actores despojados de nombres para pasar a ser cifras. Actores cuyas vidas no merecen la pena ser lloradas –en términos de Judith Butler-, ni lloradas ni vividas y, por lo tanto, no requieren duelos.

> Las poblaciones se dividen a menudo, demasiado a menudo, entre aquellos cuyas vidas son dignas de protegerse a cualquier precio y aquellos cuyas vidas se consideran prescindibles. Dependiendo del género, de la raza y de la posición económica que ostentemos en la sociedad, podemos sentir si somos más o menos llorables a ojos de los demás (Butler, 2020, s/p).

Hay actores religiosos que están buscando visibilizar a esas personas, mostrarnos que son vidas que siguen siendo lloradas, que merecen un duelo, y que hubiesen merecido ser protegidas. Y detengámonos aquí con un claro ejemplo, con la Brigada Nacional de Búsqueda (BNB) y en particular el Eje de Iglesias, quienes independientemente de la denominación religiosa a la que pertenezcan, trabajan en conjunto para buscar personas desaparecidas, sin importar su creencia –o su no creencia religiosa–.

Desde el trabajo en la Dirección General de Asuntos Religiosos de la Secretaría de Gobernación (DGAR), principalmente en este periodo, que arrancó a fines de 2018, se busca la construcción de paz en conjunto con las comunidades religiosas, sabemos de la ubicuidad de su presencia, su capacidad de movilización, su voluntariado, su gran variedad de recursos espirituales, la legitimidad moral de muchos líderes religiosos y ministros de culto. La construcción de paz en este país requiere del trabajo colectivo y vinculante, no de héroes solitarios que se pongan en la primera línea del frente de batalla, no estamos hablando de grandes actos épicos, sino de acciones pequeñas, cotidianas, que quizá van generando cambios lentamente, para que la paz y la felicidad sean parte de nuestras vidas. León Tolstoi decía que no podía haber cambio social si no se observaba, primero, un cambio en las personas. Y el cambio en las personas se ve en las relaciones que tejen, con otras personas, pero también con su contexto. Pensar en lo relacional nos lleva a reflexionar sobre la otredad.

¿Cómo nos vinculamos con lo otro, con lo distinto a nosotros, con el que cree en un Dios diferente al mío? Esa pregunta tiene que ver con la construcción de paz, "¿Abalanzarse con ferocidad sobre los extraños? ¿Pasar a su lado con indiferencia y seguir el camino propio? ¿O, tal vez, intentar conocerlos y tratar de encontrar una manera de entenderse con ellos? (Kapuscinski, 2007, pp. 12 y 13). ¿Y si vemos al otro no desde la indiferencia o el miedo, sino lo pensamos como si fuera nuestro propio hermano?

Desde la DGAR y los procesos formativos que ofrecemos, tanto a miembros de comunidades religiosas como a funcionarios estatales y municipales de asuntos religiosos, hemos puesto el acento en explorar nuestras concepciones de lo distinto a nosotros, y en nuestras relaciones con la otredad, con ese otro que no es un ser hipotético, sin rostro y sin nombre, sino alguien cuyos sistemas de valores y de creencias pueden ser diferentes al mío. Ese(a) otro(a) quizá nos cuestiona, nos incomoda e, incluso, nos atemoriza, pero no por ello debemos simular que no está o negar la posibilidad de relacionarnos con él. Además, ese otro también implica *lo otro*: el agua, el cerro, la tierra, ¿cómo nos relacionamos con eso?

¿Lo miramos como un recurso y por ende pensamos que podemos explotarlo?

Para abordar el tema de la otredad, en la DGAR hemos echado mano de las metáforas que ofrece la literatura, pero también para hablar de eso que nos duele, sin rompernos ni transformarnos en piedra.

El psicólogo y pedagogo estadounidense Jerome Bruner considera que:

> Las metáforas de la literatura son el espejo del escudo de Perseo: lo salvan (y nos salvan) del impacto seco que produce el horror. Cada quien inventa su propio escudo de Perseo, de modo que podamos mirar a la cara lo terrible sin ser transformados en piedra (Bruner, 2003, p. 78).

¿Cuál pude ser nuestro escudo de Perseo para hablar de las violencias, enfrentarlas y para debilitar sus efectos? Hemos encontrado que el formar parte de un espacio de pertenencia -como un colectivo, una comunidad religiosa, etc.-, ha sido, en muchos casos, ese escudo para defendernos y para mirar los monstruos violentos sin transformarnos.

Si hablamos de metáforas, una que nos ha sido muy útil para pensar en las violencias ha sido la de la hidra. Recordando un poco la leyenda griega, Hércules tenía que realizar varias tareas para reparar una falta que había cometido, y una de esas tareas era vencer a un monstruo acuático. Este monstruo era una hidra con muchas cabezas. Era una tarea muy difícil, pues, aunque Hércules tenía una poderosa espada, cada vez que cortara una cabeza, de ese cuello saldrían dos nuevas; además, no podía atacarla de frente, porque la hidra tenía un aliento tóxico, que contaminaba a cualquiera. Hércules, entonces, no podía solo, por lo tanto, junto con su sobrino Yolao, decidieron que, mientras Hércules cortaba una cabeza desde atrás, Yolao inmediatamente pondría una tela ardiendo que cauterizara la herida e impidiera que surgiera una nueva cabeza. Hace pocos días, en un taller que dimos a líderes religiosos, les invitamos a que pensaran en la metáfora de la hidra como una violencia que consideraran que había que debilitar; comúnmente la hidra representa, en los grupos donde hemos trabajado esta metáfora, la inseguridad, la corrupción, la intolerancia... pero uno de los equipos de estos líderes religiosos presentó una hidra como la comunidad LGBT... que la hidra sea un grupo de personas no es lo que queremos fomentar. Si pensamos así, entonces aquellos que consideramos hidra quizá nos consideren a nosotros esa hidra que hay que combatir, ¿cierto?... Las personas no somos hidra, las personas no somos los problemas, tenemos que aprender a distinguir que muchos, muchos de los problemas que vivimos tienen raíces profundas en las inequidades estructurales, y son raíces largas, que encuentran otras raíces bajo tierra y se enredan, y a veces es muy difícil saber de dónde vienen y cómo desanudarlas y cortarlas.

Sin embargo, como se dijo antes, las comunidades religiosas son diversas, y hay las que claramente conciben que las hidras –siguiendo con esa metáfora- son las violencias que nos acechan, tanto abierta como sutilmente. Ante las atrocidades, es indispensable reconocer que, igual que Hércules, no podemos solos, ni como gobierno, ni como academia, ni solos como comunidades religiosas; se requiere buscar lo común, buscar lo que nos une, aportar nuestros saberes, pero también nuestros sueños y esperanzas. Se requiere de una estrategia múltiple para cambiar las condiciones. Se requiere un proceso plural, un diálogo diverso.

Nos han preguntado si el trabajar con las comunidades religiosas no vulnera el Estado laico, en primer lugar, hay muchas formas de definirlo, y muchas formas de vivirlo. En la DGAR consideramos que podemos trabajar con las comunidades religiosas sin vulnerarlo: mientras no se privilegie alguna comunidad sobre otra; mientras no intervengan en las decisiones tomadas por el gobierno, ni el gobierno se involucre en asuntos internos de las comunidades religiosas; mientras el Estado sea independiente para diseñar leyes y políticas públicas.

Las comunidades religiosas tienen mucho trabajo al acompañar, al visibilizar causas que han sido invisibilizadas, al construir diálogos y ser puentes en espacios polarizados. Los cambios que buscamos en nuestro trabajo con las comunidades religiosas apuntan más a los cambios culturales, que a veces van generándose de manera lenta y discreta, pero que van permeando: educar a nuestros hijos, enseñarles que es importante pensar en el otro y no solo en nosotros mismos, mostrarles que la justicia es necesaria, que la dignidad humana debe dictar nuestros caminos.

Hay iniciativas nacionales, como la Brigada Nacional de Búsqueda, mencionada aquí poco antes, que es un espacio de sentido y de contención para quienes están en búsqueda, donde todas las víctimas son importantes; hay espacios internacionales como la Red Talitha Kum, una red de la vida consagrada femenina contra la trata de personas. En India, las Kulabi Gang son mujeres que desde su práctica espiritual y política defienden a las niñas de los matrimonios infantiles y a las mujeres que han sufrido violencia.

Hace poco tiempo, doña Mary Herrera, uno de los mayores referentes de la búsqueda de personas en México, nos contaba que, en una iglesia en Morelos, pidieron al sacerdote que en la homilía invitara a dar información a quien tuviera algún dato que ayudara a los colectivos a encontrar a personas desaparecidas. Y lo hizo, habló de Caín y Abel y de la pregunta que Dios le hizo a Caín: *¿Dónde está tu hermano?* Y esa misma pregunta hizo el sacerdote a la feligresía en Morelos, *¿dónde están nuestros hermanos?* La participación de este sacerdote fue fundamental para tener información. Con actores como él es importante trabajar, que más allá de lo cultural, tengan un compromiso genuino de transformar las cosas.

En la religión judía existe el término *Tikún Olam*, que significa la reparación del mundo. Partiendo de esa idea, pensamos que esa reparación implica acciones de distintos tamaños, algunas pequeñas y otras no tanto, hay mucho por hacer para reparar el daño que se ha hecho a los migrantes, los desplazados, las víctimas de trata y feminicidios, las personas secuestradas y desaparecidas, los niños obligados a trabajar, los indígenas y afroamericanos invisibilizados y discriminados, los campesinos sin tierra y empobrecidos.

El historiador estadounidense Scott Appleby considera que "los actores religiosos construyen paz cuando actúan religiosamente, es decir, cuando en la profundidad de las enseñanzas de sus tradiciones extraen los imperativos morales de reconocer y abrazar la humanidad del otro".

Y esto de actuar religiosamente se relaciona también con lo que plantean en la Comunidad Bahá'i, que se preguntan cómo llevar a la práctica los principios de nuestra religión en los lugares donde nos es más difícil demostrarlos, en lugares más hostiles, como el metro, por ejemplo. Ellos se preguntan si eso que están pensando, ¿está construyendo la paz? Nos invitan a hacer una reflexión permanente sobre nuestras acciones y nuestros pensamientos. Los Bahá'í plantean que se debe trabajar en la base, sin buscar la conversión, sin buscar que seamos parte de su comunidad religiosa, sino un movimiento hacia la paz y hacia el mejorar el mundo. En algunos casos ese puede ser el porqué de su trabajo –pregunta sumamente profunda-; en otros, cumplir con sus principios, reconstruir el tejido social, recuperar la confianza.

Hay propuestas de trabajo interreligioso, quizá algunas responden al hecho de marcar la agenda que les interesa, lo cual ha resultado, en algunos casos, lo que el jesuita Antonio

Spadaro ha llamado *ecumenismo del odio* (2017), "esta unidad se produce para objetivos comunes en temas como el aborto, el matrimonio entre personas del mismo sexo, la educación religiosa en las escuelas y otras cuestiones morales o relacionadas con los valores" (citado por Cruz, 2017, s/p).

Sin embargo, otras acciones interreligiosas van más allá de buscar incidir en las políticas públicas en favor de su propia agenda y se encuentran en lo que tiene que ver con su compromiso, cumpliendo así con lo que Spadaro menciona sobre las alianzas interreligiosas que valen la pena: "las alianzas entre católicos y protestantes siempre valen la pena cuando se unen en favor de los pobres, el cuidado del medio ambiente, la promoción del desarrollo humano integral, el cuidado de los migrantes y los refugiados..." (citado por Velásquez, 2017, s/p). Si las denominaciones religiosas tienen como hilo conductor el amor, ¿cómo hacer para que ese principio se lleve a cabo en nuestras creencias, pero también en nuestras prácticas? Un sacerdote católico chiapaneco, formado en la teología de la liberación, decía hace poco: "En Simojovel nos unió la paz, porque la violencia era muy fuerte, estaba gobernado por narcopolíticos. Nuestras peregrinaciones se unían a otras denominaciones, sin el proselitismo, terminando cada quien en su templo, con su pastor[27]". El trabajo interreligioso tiene un potencial enorme, que requiere de mucha creatividad, requiere imaginar eso que queremos y buscar el camino para llegar ahí, como plantea Lederach:

> Desaprender los horrores de la violencia y aprender nuevas formas de convivencia. Tenemos que imaginar nuestro trabajo

27. Testimonio dado en una conversación en Tuxtla Gutiérrez, en la oficina de la Dirección de Asuntos Religiosos de Chiapas, el 5 de septiembre de 2023. Se menciona Simojovel, un pueblo de las montañas del norte de Chiapas.

> como un acto creativo, más cercano al esfuerzo artístico que al proceso técnico... El manantial se encuentra en nuestra imaginación moral, que definiré como la capacidad de imaginar algo enraizado en los retos del mundo real, pero a la vez capaz de dar a luz aquello que todavía no existe (Lederach, 2007, p.24).

Las comunidades religiosas tienen la posibilidad de trabajar por la dignidad humana, tanto de las víctimas como de los infractores, lo cual permite que sean promotoras de procesos de perdón y reconciliación. Sugiere una presbítera[28] anglicana: "tener un equilibrio entre la acción y la contemplación, y tener la humildad para trabajar en equipo con otras comunidades religiosas y con los gobiernos"[29]. Muchas comunidades religiosas tienen trabajo social en el afuera, más allá de la oración y de la labor al interior de sus espacios de culto, ahí encontramos puntos en común, ahí hay un espacio donde pueda haber coincidencia de propósitos y acción conjunta.

Y esto que dice la presbítera anglicana tiene mucho que ver con que debemos aprender a relacionarnos con lo distinto, con el otro, la otra, lo otro, que piensa distinto a mí, que cree en algo distinto a lo que yo creo, que tiene una preferencia sexual distinta a la mía. Aquí un ejemplo concreto, la BNB -mencionada anteriormente-, en su trabajo al buscar personas han incluido en sus expedientes a sicarios, ¿esto no es una enorme lección de un cambio en la manera en la que nos relacionamos con el otro, aunque ese otro esté luchando en la vereda opuesta? Esa acción tiene que ver con aprender a darle cabida al dolor del otro, sea quien sea. Y tiene que ver también con la *imaginación moral* de la que habla Lederach "la posibilidad de superar la violencia se forja por la capacidad de generar, movilizar y

28. Word pone como incorrecto el femenino de presbítero, se reafirma el desafío de incluir liderazgos femeninos en las comunidades religiosas.
29. Conversatorio *Las mujeres y la construcción de paz.* DGAR-SEGOB (2021).

construir la imaginación moral. (2007, p.33) ... la imaginación moral requiere la capacidad de imaginarnos en una red de relaciones que incluya a nuestros enemigos (íbid, p.34).

Los bahá'í se preguntan qué hacemos si solo tenemos media herramienta, qué podemos construir con ella. Quizá la respuesta sea preguntarle al otro qué es lo que tiene, unir nuestros trozos de herramientas, nuestros saberes quizá incompletos, pero que juntándolos con los de otros podemos crear algo más grande, como Hércules y Yolao, o, como dice el marakame wixarika, "solo entre todos sabemos todo".

Los estudios sobre la paz son un campo transdisciplinario de investigación, educación y acción, que se enfocan en ella, pero tomando en cuenta las violencias y los fenómenos de los contextos relacionados con ellas. De la misma forma que se requiere de muchas disciplinas para reflexionar sobre la paz, se necesita de la acción de muchos actores que realicen acciones de distintos tamaños. Podemos hacer el Tikún Omal del que hablan los judíos con una sonrisa, con un buen trato.

Consideramos que en el trabajo de la construcción de paz es muy importante la escucha. La escucha en el sentido de los tojolabales, "desde la perspectiva de los hablantes" (Lenkersdorf, 2008, p. 17). Para lograrlo se requiere intentar poner nuestros pensamientos en pausa, para así escuchar lo que el otro nos está diciendo, el otro que puede ser también lo otro, pues los tojolabales no solo escuchan a las personas, sino también a las plantas, a los animales y a toda la naturaleza.

Así como las culturas occidentales saben poco de otras culturas –más allá de lo exótico-, muchas veces poco sabemos de personas con otras creencias, con otras formas de pensar y estar en el mundo. Escuchar desde la perspectiva tojolabal implica una "cosmoaudición", es decir, escuchar con la perspectiva de la cultura del que está hablando:

> El recibir otra cosmoaudición exige que la percibamos desde la perspectiva de ella, es decir, entender a fondo que va más allá de admirarla. En este sentido, el escuchar la lengua desempeña un aspecto fundamental, porque al escucharla desde la perspectiva de ellos, no sólo nos interpela y nos cuestiona, sino que problematiza la cultura nuestra. Al hacerlo inicia un proceso extraño: empieza a transformarnos, mejor dicho, a metamorfosearnos" (íbid, 26).

Quizá algo similar suceda en los diálogos interreligiosos, miramos cosas de nuestra propia creencia tomando un poco de distancia. Además, el escuchar de manera genuina nos silencia y silencia el diálogo interior. Siguiendo con esta perspectiva, "si queremos escuchar a alguien tenemos que desmontar la imagen que a menudo solemos tener del otro como enemigo" (íbid, p. 49). Esta forma de acercamiento a las palabras -o la voz- del otro nos permite entonces pausar los prejuicios y los estigmas, y para ello no se requiere de grandes audiencias, sino que "el escuchar empieza en grupos pequeños, la familia, entre estudiantes, en lugares de trabajo, en mercados, pero se logra a base de estas prácticas que se pueden extender a conjuntos más amplios" (íbid, p. 86).

La construcción de paz no solo apela a acciones ahí, donde está la guerra, no solo se requiere en Ucrania, en Rusia, en Palestina; se requiere aquí cerquita, con acciones pequeñas, de gente de a pie, personas que poco a poco vayan modificando las relaciones en su entorno, y que, con círculos concéntricos vayan encontrándose con otras acciones que también busquen generar transformaciones desde sus propios contextos y comunidades

Epílogo: ¿Qué sigue, qué falta, hacia dónde movernos?

¿Y de qué somos responsables? Del camino

Ryszard Kapuscinkski

Hay estructuras que generan desigualdad, que generan un acceso diferenciado a los bienes, donde la justicia, la dignidad y la democracia no están distribuidas equitativamente. Si hay carencias, si hay pobreza, ¿cómo buscar la fraternidad en un contexto tan desigual? ¿Cómo construir la paz? ¿Cómo transformar la violencia?

¿Cómo transformar la tristeza, el enojo, el miedo, la impotencia y convertirla en una acción de construcción de paz?

Son demasiadas preguntas y quizá pocas respuestas, sin embargo se pueden dibujar posibles rutas e imaginar actores que, desde sus propios territorios generen cambios, en definitiva, las comunidades religiosas tienen mucho que aportar, a pesar de todos los desafíos con los que se han enfrentado y los que tienen en su interior, tales como la participación real de mujeres y juventudes en espacios de decisión, el realizar una acción sin daño, el tener una mayor apertura a los cambios que la sociedad requiere; sigue necesitándose trabajar a favor de la diversidad, desde un enfoque de derechos humanos.

La Iglesia Anglicana en México ha ordenado mujeres desde 1982, hoy tenemos ya una obispa, en la Diócesis de México. Sin embargo, la representación social del sacerdote sigue asociándose con el hombre, pues faltan muchas mujeres en espacios de toma de decisiones en otras comunidades religiosas.

Se requiere hacer conciencia sobre los feminicidios, la violencia doméstica, los abusos sexuales, la pobreza de las mujeres y las niñas. Falta que los discursos religiosos se posicionen en torno a eso, hay pocos posicionamientos, más desde las pastoras que desde los pastores. También falta denunciar el abuso espiritual y los discursos de culpa en los púlpitos. Es necesario mover nuestros cajones conceptuales, ensanchar horizontes, salir de ese lugar donde nos sentimos cómodos y aprender a trabajar con el otro y por el otro.

Si queremos caminar cerca de la justicia, debemos hacer actos de justicia; si buscamos la bondad, hay que llevar a cabo actos de bondad y no solo hablar de ella. Parecería una obviedad, pero no lo es tanto, eso que creemos debemos llevarlo a eso que hacemos, en el día a día, incluso en espacios hostiles.

¿Y cómo estar más cerca del otro(a)? Quizá una ruta sea a través de la escucha, sin embargo, como plantea Lenkersdorf (2018, pp. 66 y 67): "¿Conocemos los requisitos para saber escuchar? ¿Se dan clases del escuchar? ¿Conocemos los obstáculos para poder escuchar?" Por lo tanto, nos queda ese otro desafío, aprender a escuchar.

Kapuscinski (2007, p. 47) habla de unos verbos muy comunes en la relación ante el otro a lo largo de la historia: "Someter, colonizar, dominar, avasallar". Nos toca, desde los distintos espacios donde trabajemos, intentar cambiarlos, buscar nuestros propios verbos, que hablen de las acciones que realizamos, pero también de los principios que tenemos para relacionarnos con aquello que consideramos que no somos nosotros.

Y antes de terminar, volvamos al comienzo, *¿cómo recuperar la canción perdida?* Clarice Lispector, la escritora ucraniana-brasileña dice que "perderse también es camino". A veces desorientarse implica buscar un rumbo nuevo para volver a encontrarse, y quizá entonces recuperar nuestra canción, de acuerdo con los himba.

Para cerrar, pidamos prestadas las palabras del escritor inglés John Berger (2019): "Si solo pienso en mí, ¿quiénes son los otros? Si los otros solo piensan en ellos, ¿quién soy yo? Si no ahora, ¿cuándo? Si no aquí, ¿dónde?

Bibliografía

Berger, J. y Selçuk, D. (2019) *¿Estamos a tiempo?* Madrid: Nordica libros

Bruner, J. (2003). *La fábrica de historias, Derecho, Literatura, Vida.* Buenos Aires: Fondo de Cultura Económica.

Butler, J. (2020). Por una nueva solidaridad contra la violencia. *El País*, julio, 2020, disponible en: https://elpais.com/cultura/2020/07/07/babelia/1594150567_495046.html?event=go&event_log=go&prod=REGCRARTBAB&o=cerrbab.

Cruz, R. (2017). Antonio Spadaro: Un cristianismo impuesto nunca va a ser auténtico, en *Vida nueva digital.* Disponible en: https://www.vidanuevadigital.com/2017/07/17/antonio-spadaro-cristianismo-impuesto-nunca-va-autentico/

Galtung, J. (2003). *Paz por medios pacíficos. Paz y conflicto, desarrollo y civilización.* Bilbao: Gernika Gogoratuz.

Kapuscinski, R. (2007). *Encuentro con el otro.* Barcelona: Anagrama

Ledereach, J.P. (2007). *La imaginación moral. El arte y el alma de la construcción de la paz.* Bilbao: Bakeaz. Trad. Teresa Toda.

Lenkersdorf, C. (2008). *Aprender a escuchar.* México: Plaza y Valdés.

Velásquez, M. A. (2017). Ecumenismo del odio, una peligrosa simbiosis religiosa. En *Cooperativa.* Disponible en: https://opinion.cooperativa.cl/opinion/religion/ecumenismo-del-odio-una-peligrosa-simbiosis-religiosa/2017-07-28/082814.html

Las iglesias, su voz y presencia como actores sociales solidarios ante la violencia en una sociedad democrática

Josafath Roberto Sarmiento Martínez
Dirección General de Asuntos Religiosos SEGOB

Somos testigos de una época de cambios sustantivos en materia religiosa de nuestro país, desde hace algunos años el cambio religioso en México está en ascenso y con ello la pluralidad de miradas y modos de participar en la sociedad. Resulta necesario reflexionar sobre el papel del funcionario encargado de asuntos religiosos sobre su actuar ante la diversidad que se le presenta.

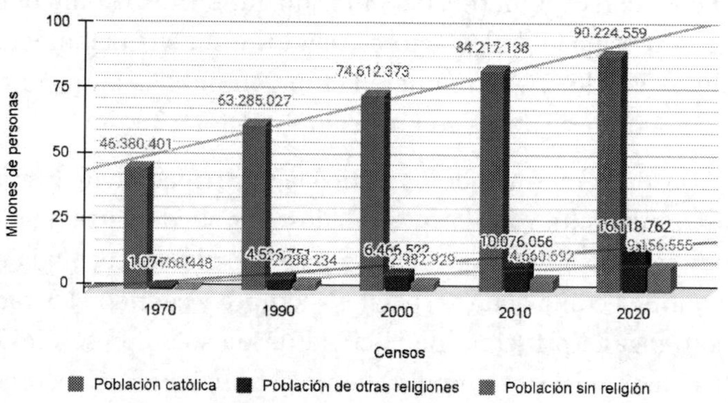

Tabla 1. Elaboración propia con datos del INEGI (1970, 1990, 2000, 2010 y 2020).

Como se aprecia en la tabla anterior, es en los censos 2010 y 2020 donde se aprecia el mayor cambio en el ámbito religioso. En 2010, la población católica era de 84,217,138 habitantes, la población de otras religiones de 10,076,056 y la población sin religión rondaba en 4,660,692 personas; mientras que para 2020 estas categorías se expresan en 90,224,559 católicos, 16,118,762 personas de otras religiones y 9,156,555 habitantes sin religión, con lo que se percibe un incremento en diversas maneras de ejercer la libertad religiosa y de creencias.

Sumado a este cambio religioso, desde el año 2019, la administración actual del Gobierno Federal ha buscado la vinculación y colaboración con diversas comunidades religiosas, en pro de la pacificación de México. Se ha implementado la Estrategia Nacional para la Promoción del Respeto y la Tolerancia a la Diversidad Religiosa, conocida como Estrategia Creamos Paz (SEGOB, 2019), mediante el apoyo de una red estatal y municipal de funcionarios encargados de asuntos religiosos.

Ante esta apertura democrática, donde se da un paso hacia la colaboración en el ámbito social de las comunidades religiosas con el gobierno, debemos preguntarnos ¿Cómo debe ser la presencia de los actores religiosos en su colaboración con el Estado? ¿Qué requiere la función pública ante la presencia solidaria de las comunidades religiosas?

Desde la miranda democrática la participación de los ministros de culto y los grupos religiosos sí puede darse de manera política, mientras tengan presencia clara y regulada en la política como actores sociales; siempre y cuando el Estado mantenga el principio de laicidad desde sus representantes -los funcionarios-, entendida como el trato igualitario a todas las expresiones religiosas o creencias, procurando un pluralismo razonable y los principios de la justicia.

Para entender mejor la presencia de las comunidades religiosas en su colaboración con el Estado es necesario hablar de laicidad, como el principio estatal que impide que el gobierno se vea subordinado a alguna creencia religiosa, el fundamento de esto está en la igualdad y la libertad de todas las personas de creer o no, donde la convicción estatal es el bien común; un Estado laico se puede entender como la comunidad política y social donde todos son reconocidos en igualdad independientemente de su credo o preferencia espiritual (Pena-Ruiz, 2002).

1. Presencia de comunidades religiosas y bien común

México ha tenido una fuerte influencia religiosa desde la conquista y la independencia, que ha privilegiado ciertas características identitarias y referentes para entender y ser en el mundo, ya que ha marcado su vida social, política y cultural; esto constituye un modo en el ejercicio de las funciones estatales y sociales que dificulta la visibilidad de la gran diversidad cultural del país y con ello el trabajo social que esta realiza.

Aunque estamos vinculados a la tradición cristiana (Católica), es importante ver que en la actualidad, México es un país diverso en lo religioso, donde la mexicanidad y la identidad nacional están dejando de asociarse a una sola tradición religiosa, lo cual es más evidente en las grandes ciudades y en la población más joven, y con ello también se pueden apreciar cambios sustantivos, como lo fue en enero de 1992, cuando la Constitución Política de los Estados Unidos Mexicanos fue reformada para modificar las normas que definen la situación jurídica de las religiones, sus ministros y el culto público, a fin de promover el respeto a la libertad de creencias.

Desde la actual administración del gobierno federal, se planteó el trabajo por la pacificación de México, por lo que se aprovechó la información que se obtuvo de las mesas sectoriales de diálogo con diversos líderes religiosos del país (Jiménez y Hernández, 2019). Posteriormente, se presentó en 2019 la Estrategia Nacional para la Promoción del Respeto y la Tolerancia a la Diversidad Religiosa, conocida como Estrategia Creamos Paz (SEGOB, 2019), la cual es un instrumento mediante el cual se pretende conocer y valorar la diversidad religiosa en México, atender los retos y fortalecer el trabajo de las comunidades religiosas en la construcción de paz.

La participación social y política de las religiones en México es una realidad que no se dialoga abiertamente, pues implica debate y posiblemente un conflicto entre las religiones con mayor número de seguidores u otras minoritarias, por posicionarse en este espacio. Sin embargo, desde la actual administración del ejecutivo federal se ha buscado la colaboración con los actores del mundo religioso para la construcción de paz y proyectos de reconstrucción de tejido social.

Ante esto, podemos señalar que la participación política de las comunidades religiosas en México podría ser observada a la luz de la razón pública de Rawls (1995), ya que las ideas religiosas, en su diversidad de expresiones, tienen como base la dignidad humana, el bien común, la compasión y la solidaridad, valores o actitudes que se expresan en términos políticos.

Claramente, esto además de un reto legal implica un reto social, pues es abrir al espacio público la libertad de pensamiento, religiosa o de creencias, para una colaboración en el marco del Estado laico en el desarrollo del país; habrá primero que acordar que el Estado laico no supone la nula relación Iglesia-Estado -como se cree comúnmente-, sino la garantía de la libertad religiosa o de consciencia, que a lo largo del tiempo ha ido evolucionando.

Recordemos que la Constitución de 1824, en su artículo 30, señalaba que la religión de la nación era católica, apostólica y romana; luego en las adiciones de 1873 a la Constitución de 1857, se señala la independencia Iglesia-Estado esta separación continúa vigente en 1917 y es, hasta 1992, cuando la Constitución Política de los Estados Unidos Mexicanos fue reformada para modificar las normas que definen la situación jurídica de las religiones, sus ministros y el culto público, a fin de promover el respeto a la libertad de creencias. La reforma de aquel año tuvo como finalidad la modernización de la normatividad para adecuarla a la realidad de la época.

Podemos apreciar en este breve recorrido histórico cómo la posición de la religión es dinámica en la estructura social y gubernamental; esto podríamos explicarlo debido a tres condiciones de la diversidad religiosa en México:

Políticas.–Las tradiciones religiosas (legalmente constituidas "asociaciones religiosas") están vinculadas con actores políticos del Estado, sobre todo las tradiciones de corte cristiano, quienes cuentan con mayor número de feligreses y presencia histórica en el país.

Económicas.–Algunas tradiciones cuentan con una economía que les da peso político y su alcance económico no está relacionado con el número de adeptos o seguidores de la tradición religiosa, ya que algunas minorías reciben fondos de sus matrices internacionales o su administración interna beneficia su desarrollo económico, un ejemplo son las tradiciones islámicas y judías en México. En relación con estos últimos, en un artículo de Forbes México en 2018, se señala a nuestro país como "uno de los principales exportadores de productos Kosher del mundo, con una cuota que se estima en un 5% del total mundial" (Santos, 2018, s/p); mientras que los productos con certificación Halal -norma de base islámica- tienen un valor estimado en México de 21 millones de dólares, según datos de AERSA (Abastecedora de Empacadoras y Rastros) (AERSA, s/f.).

Respaldo social.- Cuentan con legitimidad en el espacio público, ya que las instituciones gubernamentales han perdido la confianza de la sociedad ante las necesidades no satisfechas de seguridad, educación, trabajo, justicia, etc. (Mendoza Zavala y González Candia, 2016), y las comunidades religiosas han implementado acciones que abonan a este reclamo social, por ejemplo: albergues de migrantes, consultorios médicos comunitarios, casas de atención a víctimas, comedores comunitarios, centros de derechos humanos, promoción de economías sociales y solidarias, escuelas de oficios, brigadas de búsqueda de personas desaparecidas, escuelas, etc.

La participación social y política de las religiones en México es una realidad, y su incidencia es benéfica a la colectividad desde su acción social, incluso podríamos suponer que mucho del trabajo de las religiones está en lugares o temas donde el mismo gobierno no alcanza a atender, ejemplo de ello son las caravanas de migrantes, que en su mayoría son acogidas por albergues de base religiosa.

Esta participación de las tradiciones religiosas con el Estado en la construcción de política debería tener como base -desde la mirada de Rawls–el respeto a los derechos básicos de los ciudadanos y el apego a los principios de justicia.

Estos principios son:

1. Poder disfrutar del conjunto de libertades básicas que se puedan generalizar a todos de igual manera.
2. Las desigualdades sociales y económicas habrán de ser de tal modo que:
   a) Se espere razonablemente que sean ventajosas para todos.
   b)Se vinculen a empleos y cargos asequibles para todos (Rawls, 1995, pp. 67 y 68)

No obstante, todas las acciones sociales y políticas que las religiones realizan en el país, el trabajo gubernamental con los asuntos religiosos se ha basado en evitar conflictos legales y apenas se dan pasos para la promoción de procesos de construcción de paz -como lo es la Estrategia Creamos Paz (SEGOB, 2019), que implican promoción de justicia, equidad, no discriminación, laicidad y una sociedad plural con valores democráticos, en los tres niveles de gobierno y en las religiones, principios comunes que garanticen la civilidad en las diversas creencias y la participación democrática en la construcción de condiciones que lleven al bien común.

Estos pasos -como lo es la Estrategia Creamos Paz- acercan al principio de participación descrito por Rawls (1995), que exige que todos tengan derecho a tomar parte del proceso constitucional de las leyes a obedecer, acceso igual al poder político y presupone la libertad de opinión, reunión, pensamiento y conciencia.

Derivado de todo lo anterior, parece justo que las religiones tengan presencia clara y regulada en la política como actores sociales mediante sus líderes–como parte una democracia participativa representativa-, quienes además son ciudadanos ejerciendo su libertad religiosa, y es justo que la tolerancia y la libertad ocupen un lugar central en su participación, del mismo modo que el Estado mantenga el principio de laicidad entendido como la no inclinación a ninguna expresión religiosa, procurando un pluralismo razonable y los principios de la justicia.

Podemos coincidir con Kant (1978, p. 32) en su principio universal de derecho: "Es justa toda acción que, por sí, o por su máxima, no es un obstáculo a la conformidad de la libertad del arbitrio de todos con la libertad de cada uno según las leyes universales", en el sentido de que la participación de las religiones con el Estado, para alcanzar un bien mayor, no altera las libertades básicas, ya que estará la norma y la misma razón pública como elemento esencial de la democracia.

Rawls (2012, p. 155) señala: "Ninguna de las libertades básicas, tales como la libertad de pensamiento y la libertad de conciencia, o la libertad política y las garantías del imperio de la ley, es absoluta, ya que pueden ser limitadas cuando entran en conflicto entre sí."

En un México plural se debe avanzar hacia una visión madura de la diversidad religiosa, cultural y social, que nos lleve al bien común, la igualdad y la justicia conforme a derecho.

> El bien común, como su nombre mismo lo dice, no es de un individuo aislado, sino que implica la alteridad, referencia al otro, es relativo a los hombres usando el lenguaje Hartmaniano, se refiere a la sociedad como entidad relacional, como unidad de un todo ordenado, que responde a la dimensión social de la naturaleza humana (González, 1956, p. 236).

Siguiendo este orden de ideas, estaríamos hablando de una participación democrática, donde los conflictos se transforman en cooperación y solidaridad mediante una participación ciudadana capaz de superar diferencias ideológicas, religiosas y los intereses propios para el bien general (Cortina, 2008).

De lo anterior pareciera que describimos una utopía democrática y ética, pero, aunque juzguemos lejana la participación e injerencia de las diferentes confesiones religiosas, las múltiples creencias y miradas ateas están ya presentes en la vida social y política del país, de diversas maneras y con diferentes fines, pero incidiendo de manera constante para lo que cada una cree que es el bien común, puesto que los hombres en su religiosidad y sus creencias expresan también su parte social como *ciudadanos de fe*; poniendo énfasis en ciudadanía que es–según Otaola- la "identidad política más preciada" (1999, p. 114).

Es decir, la su voz y presencia de los actores religiosos como actores sociales solidarios ante la violencia en una sociedad democrática, genera relaciones entre la autoridad Estatal y las comunidades religiosas, la madurez de la sociedad, el respeto a los derechos básicos de los ciudadanos y el apego a los principios de justicia deberán permitir que la laicidad no entre en conflicto con ninguna religión sino con la voluntad de dominio público que alguna podría tener.

Entendemos entonces esta participación, como la de un sector más de la sociedad que asume protagonismo por intereses generales, dejando al Estado la labor de mantener el equilibrio de la diversidad de intereses.

2. Ética de la función pública ante la presencia solidaria de las comunidades religiosas

Ante esta apertura democrática, donde se da un paso hacia la colaboración en el ámbito social de las comunidades religiosas con el gobierno, debemos preguntarnos: ¿Puede el funcionario público vincularse con la diversidad religiosa sin verse influenciado por alguna? ¿Cuenta la persona en funciones públicas con las herramientas y conocimientos para garantizar el principio de laicidad en el Estado?

Iniciaremos diciendo que por *función pública* se entiende la acción de servicio de una persona en algún puesto gubernamental que implique decisión, mando y/o ejecución. Entonces, la persona funcionaria pública es representante de algún órgano o institución de gobierno, aunque su puesto no sea necesariamente de representación popular. Mientras que la ética será el modo de conducirse desde la razón y la moral hacia el bien común, es la brújula en el espacio público de las acciones, especialmente de las personas que participan en las facultades del Estado.

La laicidad propone un marco de autonomía, donde no existe la sumisión y la persona puede elegir libremente de las diversas ofertas morales y espirituales disponibles o no elegir ninguna y autodeterminarse su conciencia siempre y cuando esto no comprometa la libertad de los demás (Otaola, 1999).

En el contexto legislativo mexicano la laicidad se comprende, desde la interpretación del artículo 24, 40 y 130 de la Constitución Mexicana, como potestad del Estado de regular la vida jurídica de las asociaciones religiosas y su culto público, no así en su vida interna, convirtiéndose en garantizador de igualdad entre las religiones, sus practicantes y los no creyentes, esto se puede traducir en la convivencia de la diversidad religiosa y/o no creyente, a su vez la Ley de Asociaciones Religiosas y Culto Público en su artículo 3º señala que el Estado Mexicano es laico; también podemos ver que el artículo 128 de la Constitución Política Mexicana señala que: "Todo funcionario público, sin excepción alguna, antes de tomar posesión de su encargo, prestará la protesta de guardar la Constitución y las leyes que de ella emanen" (CPEUM, 2021, art. 128).

Haciendo un cruce de estas fuentes legales, podemos ver que la persona como funcionario público tiene el compromiso de hacer guardar la ley, y además asume que en su carácter oficial su libertad religiosa se ve disminuida para culto público, lo cual es entendible y necesario ante su investidura social, pero es sabido que en la práctica puede resultar complejo separar los actos que hace desde su ser funcionario y su ser persona.

En algunos casos el funcionario público se ve inclinado a ser *un mejor servidor público* para tradiciones religiosas con las que coincide en valores, tradiciones, filosofía, lenguaje, etc., perdiendo entonces el camino de la voluntad general depositada en su figura. En ocasiones es difícil observar si está cumpliendo o incumpliendo con sus atribuciones para el bien de todos o por lo menos para evitar el mal social en lo que le compete.

Para Kant:

> En algunos asuntos que transcurren en favor del interés público se necesita un cierto mecanismo, léase unanimidad artificial, en virtud del cual algunos miembros del Estado tienen que comportarse pasivamente, para que el gobierno los guíe hacia fines públicos o, al menos, que impida la destrucción de estos fines. En tal caso no está permitido razonar, sino que se tiene que obedecer (2005, p.23).

En este sentido, es importante considerar que la libertad individual está constreñida a estructuras sociales, como lo es el Estado, que el bienestar social solo se consigue cediendo libertades; y volviendo al 130 constitucional: "El principio histórico de la separación del Estado y las iglesias orienta las normas contenidas en el presente artículo. Las iglesias y demás agrupaciones religiosas se sujetarán a la ley" (CPEUM, 2016, art. 130). Vemos que el legislador indica como orientador, el principio de separación, es decir, una guía, lo cual nos brinda un primer elemento básico e indispensable para la función pública.

Sin embargo, pensar que la religión o el cuerpo de creencias puede anularse per se temporalmente para desarrollar un ejercicio virtuoso de función pública parece poco real o ingenuo, Oltramare, citado por Farre en su libro *La filosofía de la religión*, menciona "La religión es la forma que adopta la vida del hombre, cuando cree en la realidad de poderes superiores capaces de influir en las condiciones de su existencia" (1969, p.77).

En ese sentido, al igual que la educación del hogar impacta en la realidad de la persona en su modo de relacionarse con la sociedad, así la apropiación de creencias, principios y fines dados por la forma adoptada de vida impactarán en su labor pública.

Por lo anterior es necesario; para un Estado democrático, laico y afín a los derechos humanos; una formación ética basada en la racionalidad de la voluntad, que brinde a la persona funcionaria conciencia de unanimidad artificial y el conocimiento de los principios constitucionales, puesto que, como se expresó al inicio, en la actualidad, México es un país diverso en lo religioso y la pluralidad de creencias, prácticas y tradiciones religiosas está en crecimiento.

Siguiendo las ideas de Rousseau (1985, p.99), ante esta diversidad el Estado debe fortalecerse, una manera de lograrlo es generando funcionarios públicos *virtuosos* mediante una formación básica que le permita cumplir con la voluntad ciudadana, es decir aquello que la sociedad de manera pasiva espera de la persona en un puesto público (que brinde un trato y servicio apegado a los principios de la justicia, equidad, imparcialidad, legalidad y profesionalismo).

De acuerdo con Pena-Ruiz (2002, p. 20), "Construir la autonomía racional de la persona mediante la instrucción, que exalta los principios de las cosas, es asegurarle la capacidad de liberarse de las tutelas y los grupos de presión".

El funcionario público construye dos identidades, una personal como individuo y ciudadano de una república democrática, laica y de derechos humanos; y una gubernamental que le permite operar como parte esencial del Estado, como miembro del servicio público donde recae el pacto social voluntad de los ciudadanos del país, por lo que se le confieren las atribuciones para el bien general o al menos para evitar males sociales como la injusticia, la parcialidad o cualquier menoscabo de derechos.

Atendiendo la complejidad de la dualidad en el funcionario, podríamos pensar como adecuado que esta formación ética tenga cierta correspondencia a lo que Rousseau (1985) llamó religión civil, una formación interiorizada cuya base es fijada por el Estado donde el dogma es un sentimiento de sociabilidad para ser buen ciudadano y, por ende, un buen funcionario público amante de leyes y la justicia.

Esta formación entonces tendría que estar basada en la racionalidad de la propia voluntad del funcionario, es decir, conocer sus inclinaciones, deseos, facultades y virtudes, lo que implicaría al menos cuatro materias a trabajar:

- Autocrítica de sus deseos e intereses personales, en el ejercicio profesional.
- Autoevaluación de sus acciones como funcionario público.
- Escucha de los ciudadanos, que implicaría una interpelación social sobre el cumplimiento de sus funciones.
- Alto nivel de comprensión de las leyes.

Esta formación implicaría conciencia de la unanimidad artificial, esto es obedecer la voluntad general que se expresa en las normas vigentes, el funcionario debe siempre considerar cuál es la voluntad del pueblo al que sirve y sí esta es congruente con la norma vigente. Por lo que resulta necesario el conocimiento de la normativa y su filosofía, motivación o justificación de las normas que le compete cumplir, puesto que "la ley supone la encarnación de la voluntad general" (Rousseau, 1985, p. 148).

El centro de esta formación será la conciencia del bien común y la voluntad de todos en el ejercicio de las atribuciones estatales, la dominación racional de los vicios que como personas tenemos.

> Un ethos democrático, no solo requiere de la capacidad de aprender a escuchar a otros, a formular objeciones si esos puntos de vista omiten la posibilidad de que otros sean considerados en las normas a decidir; requiere también del fortalecimiento de la autonomía en un sentido plenamente kantiano, junto a la virtud

> cívica que posibilita entender otros puntos de vista distintos y otras voces (Lara, 1992, p. 46).

Y podríamos preguntarnos ¿No hay suficientes códigos de ética o conducta en los gobiernos? ¿Nunca se ha intentado dar formación ética a los servidores públicos? La respuesta tajante es: claro que sí. Las instituciones han implementado la difusión y promoción de manuales y códigos de ética, que, por ser una mera normativa más, no impacta en el fondo del asunto; quizá esta manera, estatutaria, no ha sido la vía para alcanzar el objetivo deseado.

La ética solo puede atender los conflictos éticos, de ninguna manera representa una nueva manera de legislación, pero sin ella en la formación de los funcionarios las leyes son solo una estructura con poco más sentido que la coerción o permisividad de conductas externas, parecido a dogmas que son válidos porque sí, desde la mirada de Adela Cortina (2008) la ética tendría entonces por objeto el carácter, es decir un modo de ser que la persona se apropia a lo largo de su vida.

La propuesta de formación ética para los funcionarios públicos no se refiere a una ética positiva, sino a una ética crítica que permita el ejercicio de las facultades públicas con base en la libertad e igualdad para una adecuada garantía de laicidad. Es un modelo donde no solo se observa la forma de conducirse en el desempeño de su labor, sino también el adecuado conocimiento del origen de la norma y su fondo, además de estar atento de las relaciones o tensiones que se presentan entre la autoridad y las religiones o grupos religiosos ahora que se ha abierto el camino a su participación con el Estado.

Contrario al pensamiento común y en razón de lo anterior, la voz y presencia de los actores religiosos sí puede darse de manera política, mientras tengan presencia clara y regulada como actores sociales, quienes además son ciudadanos ejerciendo su libertad religiosa, del mismo modo que el Estado mantenga el principio de laicidad desde sus representantes -los funcionarios-, entendida como el trato igualitario a todas las expresiones religiosas o creencias, procurando un pluralismo razonable y los principios de la justicia.

Conclusiones

México vive una realidad compleja por su gran diversidad cultural, su gran extensión territorial y los múltiples problemas sociales que el mismo Estado Mexicano no logra atender, en estas circunstancias es que muchas necesidades sociales son atendidas por distintas religiones, en espacios donde la desarticulación de las instituciones y su falta de capacidad requieren acciones colaborativas para la satisfacción de estas necesidades. La acción social de ambos sectores (gobierno y comunidades religiosas) podría verse favorecida si se consigue un diálogo que vincule y genere acuerdos de beneficio común siempre y cuando la función pública cuente con una fuerte formación para el pleno desarrollo de sus funciones y se eviten -lo más posible- sesgos en su desempeño.

Ante la relevancia de las religiones por su participación en lo político y social, en la vida civil, deberían ser consideradas parte en las decisiones políticas, al igual que son tomados en cuenta otros sectores sociales (académicos, económicos-empresariales, sociedad civil, etc.). Su participación como *ciudadanos de fe* está ligada a la democracia constitucional y la ciudadanía democrática, Rawls diría, que "los ciudadanos son razonables cuando, al verse libres e iguales... están preparados para ofrecerse en justos términos de cooperación" (2001, p.161).

Debemos explorar si estos ciudadanos, líderes y miembros de la diversidad religiosa cuentan con la madurez política para reemplazar, en el diálogo público, doctrinas por ideas políticamente razonables que conduzcan a la satisfacción de necesidades para todos y todas, puesto que nuestro país requiere de la participación de todos los sectores sociales que busquen el bien común para hacer frente a los males sociales como las violencias y desigualdades.

Sin restar importancia a lo anterior, también debemos evitar cualquier tipo de mal entendimiento de la colaboración pues al aceptar la participación de los actores religiosos en temas públicos nos alejamos del modelo de laicidad que históricamente aceptamos -la laicidad francesa- y abrimos camino a una laicidad colaborativa y solidaria, mediante una presencia clara y regulada en la política del mismo modo que el Estado procure un pluralismo razonable y los principios de la justicia.

En lo que respecta a la función pública, podemos comprender que estas personas con sus derechos, facultades y obligaciones se encuentran sometidas a la norma y el escrutinio social, que, siendo además seres cargados de razones, fines y subjetividades que lo ciñen o sesgan, deberían contar con una formación ética especial. En un México plural se debe avanzar hacia una participación de la acción social de las comunidades religiosas con el Estado desde la transparencia y la visión madura de la diversidad religiosa, cultural y social, que nos lleve al bien común conforme a derecho.

Evidentemente lo propuesto no asegura en su totalidad una función pública virtuosa en el sentido que logren la perfección, pero quizá sea una manera de dar un paso a la evolución o mejora, así que es necesario reflexionar sobre la ética y formación racional de los funcionarios públicos como personas en las que recae el pacto social, de manera que lleguemos a observar los elementos que implican el *espíritu* de la función pública para evolucionar a una verdadera unidad artificial, un Estado democrático, laico y de derechos humanos, que brinde un servicio apegado a los principios de la justicia, la equidad, imparcialidad, legalidad y profesionalismo entre otros que la sociedad exige.

Referencias bibliográficas

AERSA. (s/f). *5 puntos que debes saber sobre el mercado Halal en México.* Disponible en: https://aersa.net/5-puntos-que-debes-saber-sobre-el-mercado-halal-en-mexico/#:~:text=Actualmente%20el%20mercado%20Halal%20cuenta,21%20mil%20millones%20de%20d%C3%B3lares

Constitución Federal de los Estados Unidos Mexicanos. 1824 (México). https://www.diputados.gob.mx/biblioteca/bibdig/const_mex/const_1824.pdf

Constitución Federal de los Estados Unidos Mexicanos. 1857 (México). Disponible en: https://www.diputados.gob.mx/biblioteca/bibdig/const_mex/const_1857.pdf

Constitución Política de los Estados Unidos Mexicanos [CPEUM]. Art. 128 y 130. Última reforma DOF 28-05-21. (México). Disponible en: https://www.diputados.gob.mx/LeyesBiblio/pdf/CPEUM.pdf

Cortina, A. (2008). Ética aplicada y democracia radical. Madrid: Tecnos.

Farre, L. (1969). *Filosofía de la religión.* Buenos Aires: Losada S.A.

González, F. (1956). *Filosofía del derecho.* México: Botas.

Jiménez, M. & Hernández L. (2019). *Gobierno de AMLO abre las puertas a iglesias: las utilizará para impulsar objetivos de la #4T* (*Reportaje Especial*). Disponible en: https://aristeguinoticias.com/1806/mexico/gobierno-de-amlo-utilizara-iglesias-para-impulsar-objetivos-de-la-4t/

Kant, I. (2005). *Ensayos sobre la paz, el progreso y el ideal cosmopolita.* Madrid: Ediciones Cátedra.

Kant, I. (1978). *Principios metafísicos de la doctrina del derecho.* México: UNAM.

Lara Zavala, M. P. (1992). *La democracia como proyecto de identidad ética,* Universidad Autónoma Metropolitana-Iztapalapa.

Ley de Asociaciones Religiosas y Culto Público (LARCP). Art. 3. 19 de agosto de 2010. (México).

Mendoza Zárate, G. y González Candia, J.A. (2016). *Reconstrucción del Tejido Social, Una apuesta por la paz*, México: Centro de Investigación y Acción Social por la Paz.

Otaola, J. (1999). *Laicidad una estrategia para la libertad.* Barcelona: Bellaterra.

Pena-Ruiz, H. (2002). *La Laicidad.* México: Siglo XXI.

Rawls, J. (2012). *La justicia como equidad*, trad. Andrés de Francisco. Barcelona: Paidós.

Rawls, J. (2001). *El derecho de gentes y una revisión a la razón pública.* Barcelona: Paidós

Rawls, J. (1995). *Teoría de la justicia.* Trad. María Dolores González. México: Fondo de Cultura Económica.

Rousseau. J. (1985). *El contrato social.* Madrid: SARPE.

Santos, M. (2018). *Oportunidades que ofrece la economía Kosher.* Disponible en: https://www.forbes.com.mx/oportunidades-que-ofrece-la-economia-kosher/

Secretaría de Gobernación (SEGOB). (2019). *Estrategia Nacional para la promoción del Respeto y la Tolerancia a la Diversidad Religiosa.* México. Disponible en: http://www.asociacionesreligiosas.gob.mx/work/models/AsuntosReligiosos/Documentos/Corona/Estrategia.pdf